Wolfgang Sander

Zwischen Mündigkeit, Kritik und Identität

Perspektiven politischer Bildung

Wolfgang Sander

Zwischen Mündigkeit, Kritik und Identität

Perspektiven politischer Bildung

Bibliografische Information der Deutschen Nationalbibliothek

Die Deutsche Nationalbibliothek verzeichnet diese Publikation in der Deutschen Nationalbibliografie; detaillierte bibliografische Daten sind im Internet unter http://dnb.d-nb.de abrufbar.

www.wochenschau-verlag.de

Titelgestaltung: Ohl Design
Gesamtherstellung: Wochenschau Verlag
Gedruckt auf chlorfrei gebleichtem Papier
ISBN 978-3-7344-1595-1 (Buch)
E-Book ISBN 978-3-7566-1595-7 (PDF)
DOI https://doi.org/10.46499/2300

Inhalt

Zur Einführung 7

1. **Nach der Kompetenzorientierung: der Bildungssinn politischer Bildung** 10
Ziele, Entwicklung und Auslaufen der Kompetenzorientierung 14
Was bleibt von der Kompetenzorientierung? 19
Zurück zur Bildung 22
Bildung als Leitidee für politische Bildung 28

2. **Mündigkeit, Subjekt und Person: postmoderne Illusionen und die Freiheit des Menschen** 31
Politische Mündigkeit – revisited 31
Kein Gesicht im Sand – der Mensch als Subjekt und Person 43
Die Freiheit des Menschen und die politische Bildung . . 49

3. **Kritik und Post-Kritik: Wie kritisch ist die politische Bildung?** 56
‚Kritische politische Bildung' als Diskurszusammenhang 58
Die Herausforderungen durch die ‚Wokeness'-Bewegung 62
Auf dem Weg zur Post-Kritik? 77

4. **Kulturelle Identität: politische Bildung zwischen Vielfalt und Zugehörigkeit** 81
Die Ambivalenz kollektiver Identitäten 81
Kulturelle Vielfalt in der Weltgesellschaft 87
Europäische Identität: Problemfeld und Zukunftsaufgabe 92
Politische Bildung in den Identitätskonflikten unserer Zeit 100

5. Politische Mündigkeit fördern: Unterricht in der politischen Bildung 107
Fachunterricht in der politischen Bildung planen und gestalten 107
Haltung zeigen? Meinungsfreiheit, Kontroversität und ‚rote Linien' 118
Zwischen Kooperation und Integration: politische Bildung im Kontext der gesellschaftswissenschaftlichen Fächer 125
Herausforderung Digitalisierung 135

Anmerkungen 142

Literatur 165

Quellenhinweise 182

Zur Einführung

Politische Bildung hat es mit einer der spannendsten Fragen zu tun, mit der Menschen sich lernend auseinandersetzen können: mit der Frage, wie wir unser Zusammenleben in Gesellschaften gestalten und regeln sollen und wie wir das so tun können, dass Freiheit für alle möglich ist.

Mit diesem Satz beginnt auch mein Buch *Politik entdecken – Freiheit leben. Didaktische Grundlagen politischer Bildung*. Es erschien 2001 in der ersten und 2007 in einer grundlegend überarbeiteten Ausgabe, inzwischen liegt es vierter Auflage im gleichen Verlag vor. Nicht nur der Einleitungssatz hat von seiner Gültigkeit für mich nichts verloren; auch die didaktische Grundlegung politischer Bildung, die in dem Buch entwickelt wurde, scheint mir in ihren wesentlichen Zügen auch heute noch tragfähig zu sein. Allerdings hat sich das Umfeld politischer Bildung inzwischen radikal verändert. Dies betrifft zunächst die bildungspolitischen Rahmenbedingungen. Die erste Auflage von *Politik entdecken – Freiheit leben* wurde noch vor der ersten PISA-Studie geschrieben, ab der zweiten Auflage stand das Buch unter dem Eindruck der Kompetenzorientierung, die sich in den Nuller-Jahren des neuen Jahrhunderts schnell durchsetzte. Bereits diese Rahmenbedingung stellt sich aus heutiger Sicht in vielem anders dar als vor zwanzig Jahren.

Erst recht gilt dies für das allgemeinpolitische Umfeld. Die Jahre um die Jahrtausendwende waren in Deutschland und Europa von einem optimistischen politischen Klima geprägt. Deutschland war wieder vereinigt, die Teilung Europas infolge des Kalten Krieges war beendet. Der Jugoslawienkrieg erschien zwar als schockierend, aber doch auch als eine Art lokal und zeitlicher begrenzter Nachfolgekonflikt des Zerfalls der kommunistischen Welt im Osten Europas. Die Anschläge von 2001 waren zwar ein Fanal und führten zum ersten Bündnisfall der NATO, aber Afghanistan war weit entfernt und größere

Anschläge hatte es bis dahin in Europa noch nicht gegeben. Die europäische Integrationspolitik schien mit den Beitritten von 15 Staaten zwischen 1995 bis 2007 auf dem sicheren Weg zur gesamteuropäischen Einigung zu sein, wie überhaupt von vielen ein globaler Siegeszug des westlich-liberalen Modells von Demokratie und Marktwirtschaft erwartet wurde, denn die Alternative einer kommunistischen Ordnung gab es nicht mehr.

Inzwischen hat sich die Lage dramatisch verändert. Die Flüchtlingskrise ab 2015 ließ unterschiedliche, teils auch gegensätzliche Ordnungsvorstellungen zwischen Ost und West innerhalb der Europäischen Union hervortreten; der islamistische Terrorismus erreichte Westeuropa, europäische Jugendliche wurden Kriegsfreiwillige für den ‚Islamischen Staat' in Syrien, entsprechend wuchsen Spannungen um den Islam in Europa; in zahlreichen Ländern entstanden rechtspopulistische Parteien mit teilweise beträchtlichen Wahlerfolgen; in Russland und China wurden Tendenzen zu Demokratisierung und liberaler Öffnung beendet; auf die Corona-Krise ab 2020 folgte 2022 der offene Krieg der nunmehr autoritär und mit neo-kolonialen Ambitionen auftretenden Russischen Föderation gegen die Ukraine. Russland vertritt dabei ein antiwestlich orientiertes kulturelles Konzept der ‚Russkij Mir', der russischen, christlich-orthodox geprägten Welt, die sich als wahre Hüterin der europäischen Kultur gegen den als Dekadenzerscheinung gedeuteten westlichen Liberalismus verstehen soll. Im Westen Europas wiederum gewinnen in den letzten Jahren links-kulturalistische Strömungen an Einfluss, die bereits in den USA zu jener Polarisierung beigetragen haben, die 2016 zur Wahl des Populisten Donald Trump zum Präsidenten führte, und die nun auch in den westlich geprägten europäischen Gesellschaften erhebliche Spannungen und Konflikte auslösen.

In diesem Umfeld steht die politische Bildung vor beträchtlichen neuen Herausforderungen. Diese betreffen weniger ihre didaktischen und methodischen Instrumentarien und ihre grundsätzliche Orientierung an der Leitidee der politischen Mündigkeit. Aber in einer von neuen kulturell-politischen Konflikten geprägten Wirklichkeit muss politische Bildung sich der normativen und kulturellen Grundlagen dieser Leitidee neu versichern und sie neu durchdenken, um von dort aus ihre Aufgaben in den Auseinandersetzungen mit den Konflikten unserer Zeit bestimmen zu können.

Das vorliegende Buch soll dazu einen Beitrag leisten. Dies geschieht in den folgenden Kapiteln in fünf Schritten: Zunächst wird in Kapitel 1 eine kritische Bilanz der Kompetenzorientierung gezogen und die Alternative einer neuen Orientierung an einem gehaltvollen Verständnis von *Bildung* umrissen. Die nächsten drei Kapitel enthalten grundlagentheoretische Überlegungen zum Selbstverständnis und zur kulturellen Situierung politischer Bildung. Wie ist *Mündigkeit* heute zu verstehen, in konstruktiver Abgrenzung zu postmodernem Denken (Kapitel 2)? Was heißt *Kritik* in der politischen Bildung und wie kann sie mit der neuen links-kulturalistischen ‚Wokeness'-Bewegung umgehen (Kapitel 3)? Was kann kulturelle *Identität* für politische Bildung bedeuten, als Gegenstandsfeld, aber auch in normativer Hinsicht (Kapitel 4)? Das abschließende Kapitel 5 fragt, auf der Grundlage didaktischer Begründungen in *Politik entdecken – Freiheit leben*, nach Herausforderungen für den praktischen Unterricht in der politischen Bildung, die sich aus verschiedenen neueren Entwicklungen ergeben. Hierbei werden nach dem Umgang mit Wissen und nach der Lehrerrolle im Licht von Bildungsorientierung gefragt, die Frage nach Grenzen von Kontroversität in der Praxis politischer Bildung diskutiert, Tendenzen zu einer stärkeren Integration politischer Bildung mit den gesellschaftswissenschaftlichen Nachbarfächern erörtert sowie die Herausforderungen für die politische Bildung durch die Digitalisierung untersucht.

1. Nach der Kompetenzorientierung: der Bildungssinn politischer Bildung

Wozu ist die Schule da, worin liegt ihr *pädagogischer* Sinn? In den 1960er-Jahren schrieb Wolfgang Klafki mit Blick auf deren Praxis als hoch differenziertes System von einer „Fülle didaktischer Entscheidungen und Entwürfe" und der damit verbundenen Gefahr, dass diese „in eine Vielzahl divergierender Akte auseinanderfällt". Wenn man dem entgegenwirken wolle, bedürfe „es eines Begriffs, der jene dynamische Gesamtverfassung bezeichnet, zu der der junge Mensch sich durch Aneignung und personale Verlebendigung bestimmter Motivationen, Erkenntnisse, Erfahrungen, Fertigkeiten stufenweise durcharbeiten und die er dann in einem Prozeß der Integration immer neuer Erfahrungen produktiv ausbauen und bewähren soll". Der Begriff der *Bildung* meine, so Klafki, „nichts mehr und nichts weniger als den Inbegriff dieses (...) Gesamtauftrages."[1]

Klafki stand mit diesem Bezug auf den Bildungsbegriff in einer jahrhundertelangen Tradition des deutschsprachigen pädagogischen Denkens. Beginnend schon bei Meister Eckhart im hohen Mittelalter und mit großer Wirkung entfaltet vor allem bei Johann Amos Comenius im 17. Jahrhundert sowie bei Wilhelm von Humboldt um die Wende vom 18. zum 19. Jahrhundert, bezeichnete Bildung eine anzustrebende „Gesamtverfassung" im Sinne einer persönlichen Entwicklung des Menschen. Zu ihr sollte nicht nur die Schule, sondern das gesamte pädagogische Feld von der Familie bis zu den Hochschulen und in unserer Zeit auch der Erwachsenenbildung beitragen. Klafki stand in den 1950er- und 1960er-Jahren noch ganz im Kontext der ‚bildungstheoretischen Didaktik', die unter Bezug auf den Bildungsbegriff den Fächern der Schule einen verbindenden konzeptuellen Rahmen bieten wollte. Sie hat auch die erste Generation der deutschen Didaktik der politischen Bildung, also beispielsweise Kurt Gerhard Fischer, Wolfgang Hilligen und Hermann Giesecke, noch stark beeinflusst.

In den folgenden Jahrzehnten verlor der Bildungsbegriff in der deutschsprachigen Wissenschaft und Öffentlichkeit jedoch weithin seine orientierende Relevanz als pädagogische Leitidee. Gleichzeitig wurde er zu einem geradezu allgegenwärtigen, aber inhaltsleeren Oberbegriff für alles, was irgendwie mit den Institutionen des Lehrens und Lernens in Verbindung steht. Dies schlägt sich in einer Fülle von Komposita in Verbindung mit dem Wort Bildung nieder: Bildungssystem, Bildungspolitik, Bildungsföderalismus, Bildungsabschlüsse, bildungsnahe und bildungsferne Menschen, wobei es letzteren an Bildungsbeteiligung mangelt, der Bildungsberatung abhelfen soll, unter Umständen auch mit einem Bildungskredit. Wir leben, so wird behauptet, in einer Bildungsgesellschaft, deren Entwicklung die Bildungsforschung beobachtet, über das ganze Spektrum der vorschulischen und schulischen Bildung, der Aus- und Weiterbildung bis zur Seniorenbildung hinweg.

Immerhin scheint diese Verwendungsweise des Bildungsbegriffs zumindest indirekt noch darauf hinzudeuten, dass es eines Begriffs bedarf, der das Verbindende dieser vielfältigen Institutionen und Aktivitäten zum Ausdruck bringt. Fragt man aber danach, was denn konkret in diesen vielen Handlungsfeldern unter Bildung verstanden wird (oder befragt öffentliche Verlautbarungen einschlägiger Institutionen daraufhin), stochert man in einem Begriffsnebel oder stößt auf eine große Leere. „Ein gemeinsames Bildungsideal fehlt heute weitgehend. Sowie das Bemühen darum. Das wäre auch eine Aufgabe für die Geisteswissenschaften", konstatierte Christoph Markschies, der heutige Präsident der Berlin-Brandenburgischen Akademie der Wissenschaften, 2007 treffend.[2]

Dieser Bedeutungsverlust des Bildungsbegriffs im deutschsprachigen Raum begann in den 1960er- und 1970er-Jahren. In dieser Zeit geriet das bildungstheoretische Denken von zwei

Seiten her unter Druck und verlor daraufhin an Relevanz für das Aufgabenverständnis vor allem des Schul- und Hochschulsystems. Auf der einen Seite wuchs der ökonomische und technokratische Druck, Schule und Universitäten funktional auf Qualifikationserfordernisse in Wirtschaft und Gesellschaft auszurichten und ihre Leistungen technokratischer Kontrollierbarkeit zu unterwerfen. Dazu trug der ‚Sputnik-Schock' – die Sowjetunion hatte 1957 den ersten künstlichen Erdsatelliten gestartet, was im Westen zu Befürchtungen hinsichtlich der eigenen technologischen Überlegenheit führte – wesentlich bei. In Schulen und Lehrerbildung fand dies seinen Niederschlag in der ab den 1970er-Jahren weit verbreiteten Curriculum- und Lernzieltheorie.[3] Deren Grundidee war ein Regelkreis: Zunächst sollten heutige und absehbare Lebenssituationen und die zu ihrer Bewältigung erforderlichen Qualifikationen bestimmt werden. Sodann sollten die zur Vermittlung dieser Qualifikationen erforderlichen Lerninhalte festgelegt sowie dabei im Unterricht zu erreichenden Lernziele bestimmt werden. Letztere sollten auf verschiedenen Abstraktionsebenen definiert werden, bis hin zum konkreten Verhalten von Lernenden, an dem sich das in einer Unterrichtsstunde avisierte Lernziel zeigen sollte. Würden die Lebenssituationen, auf die hin das ganze schulische Curriculum aus Lerninhalten und Lernzielen ausgerichtet sein sollte, sich ändern, wäre dieses Curriculum entsprechend anzupassen.

An die Stelle des Bildungsbegriffs als Leitidee sollten hiernach die Begriffe Curriculum und Lernziele treten. Als Ganzes hat sich dieses Denkmodell, das unter anderem auf die Ersetzung traditioneller schulischer Lehrpläne und in letzter Konsequenz auch des schulischen Fächerkanons hinausgelaufen wäre, zwar nirgendwo durchgesetzt. Gleichwohl hat es in Schule und Lehrerbildung für rund zwei Jahrzehnte erhebliche Wirkungen entfaltet, bevor es angesichts der implizierten illusorischen Steuerungserwartungen und der mit diesem Ansatz verbundenen Aporien[4] faktisch einschlief.

Auf der anderen Seite geriet das Bildungsdenken im Zuge der 1968er-Bewegung durch die Neue Linke, die an Schulen und Hochschulen erheblichen Einfluss gewann, unter Druck. Zwar gab es auch aus diesem Bereich einzelne bildungstheoretische Beiträge, so vor allem von Heinz-Joachim Heydorn[5] und Max Horkheimer[6]. Insgesamt aber überwog in diesem Feld die Kritik an dem als ‚bürgerlich' qualifizierten Bildungsbegriff, wobei nicht zu Unrecht dessen Instrumentalisierung als soziales Distinktionsmerkmal kritisiert wurde, die sich im 19. Jahrhundert entwickelt hatte.[7] Die begriffliche Alternative, die von dieser Seite in den 1970er-Jahren vertreten wurde, hieß Erziehung zur Emanzipation. Emanzipation wurde in zweifacher, miteinander verwobener Hinsicht als Befreiungsprozess verstanden: als individueller Weg der Befreiung aus der Vormundschaft Erwachsener, wofür bis heute auch der Begriff der Mündigkeit steht, sowie als politischer Prozess der Demokratisierung und des Abbaus von Herrschaft in allen gesellschaftlichen Bereichen. Beeinflusst von neomarxistischen Theorien, stand im Hintergrund des Emanzipationsbegriffs letztlich die Utopie einer herrschaftsfreien Gesellschaft im Weltmaßstab.[8] Mit der grundlegenden Veränderung der politischen Landschaft in den 1980er-Jahren sowie dem Untergang der Sowjetunion und der sozialistischen Systeme in Osteuropa verlor diese Denkrichtung drastisch ab Bedeutung (wenngleich es heute im Kontext der so genannten ‚Kritischen politischen Bildung' Versuche einer Wiederanknüpfung an den Emanzipationsbegriff gibt, vgl. unten Kapitel 3).

Lernziele, Qualifikationen, Emanzipation – diese Konzepte aus den letzten gut 50 Jahren lassen sich, weil sie auf je ihre Weise als Leitideen für alle Institutionen des Lehrens und Lernens dienen sollten, als *Surrogate,* also als unbefriedigende Ersatzlösungen für den Bildungsbegriff sehen.[9] Dies gilt auch für bestimmte Verständnisse des Begriffs der Kompetenz, die in den letzten 20 Jahren mit der Kompetenzorientierung weite Verbreitung gefunden haben.

Ziele, Entwicklung und Auslaufen der Kompetenzorientierung

Die im Bildungssystem und vor allem in den Schulen in den letzten zwei Jahrzehnten wirksam gewordene Kompetenzorientierung entstand als Reaktion auf die im Jahr 2001 erschienene erste PISA-Studie von 2000 und den Schock, den die schlechten Ergebnisse deutscher Schüler bei dieser internationalen Vergleichsstudie zu Schulleistungen auslösten. In diesem Kontext entwickelte sich jenes spezifische Verständnis von Kompetenzen als Form schulischer Leistungen, das sich heute mit dem Begriff der Kompetenzorientierung verbindet.

Allerdings geht die Diskussion über Kompetenzen in ersten Ansätzen bereits bis in die 1970er-Jahre zurück. Schon 1971 schlug der Psychologe und Pädagoge Heinrich Roth vor, „*Mündigkeit* ... als Kompetenz zu interpretieren, und zwar in einem dreifachen Sinne:

a) als *Selbstkompetenz* (selfcompetence), d.h. als Fähigkeit, für sich selbst verantwortlich handeln zu können;
b) als *Sachkompetenz*, d.h. als Fähigkeit, für Sachbereiche urteils- und handlungsfähig und damit zuständig sein zu können, und
c) als *Sozialkompetenz*, d.h. als Fähigkeit, für sozial, gesellschaftlich und politisch relevante Sach- und Sozialbereiche urteils- und handlungsfähig und also ebenfalls zuständig sein zu können.“[10]

Erkennbar ging es hier um eine Verbindung zwischen Kompetenz im Sinn der Zuständigkeit für etwas mit der Befähigung dafür und dies in einem sehr weit gefassten Sinn, der die gesamte Persönlichkeitsentwicklung eines Menschen betrifft. Als später in der beruflichen Bildung nach einem Ansatz gesucht wurde, wie die Reduktion allein auf fachliches Wissen und fachbezogene Fähigkeiten überwunden werden kann, erwies sich Roths Kompetenzbegriff als dafür geeignete Referenz. In der Didaktik der politischen Bildung schlug Peter Massing kurz vor der PISA-Debatte eine Adaption dieses Kompetenzverständnisses für die politische Bildung vor.[11] Andere Kompetenzformulierungen für politische Bildung wurden in den 1990er-Jahren von Bernhard Sutor[12], Oskar Negt[13] und Peter Henkenborg[14] ausgearbeitet. Gemeinsam war diesen Ansätzen die Einbindung fachlichen Wissens und Könnens in ein breites Verständnis von Weltverstehen und Persönlichkeitsentwicklung.

Diese frühen Ansätze blieben recht rudimentär, hätten sich aber durchaus als anschlussfähig für eine bildungstheoretische Rahmung erweisen können. Der Durchbruch des Kompetenzbegriffs als Leitidee für das Selbstverständnis pädagogischer Institutionen kam in Deutschland aber erst nach PISA 2000, und zwar ungewöhnlich schnell und in einem Prozess, in dessen Verlauf sich das Verständnis von Kompetenzorientierung an zentralen Stellen veränderte. Zugleich wurde der Kompetenzbegriff, indem er nunmehr zur zentralen Referenz für ein neues Modell der Steuerung des Schulsystems werden sollte, mit weit überzogenen Erwartungen belastet. Wiederum und trotz des Scheiterns der Curriculumtheorie der 1970er-Jahre verbreitete sich die technokratische Vorstellung einer Steuerung des Schulsystems mittels einer Art Regelkreis. Diesmal sollte er aus folgenden Elementen bestehen:

- der durchgängigen Formulierung aller schulischer Ziele und Aufgaben in Form von Kompetenzen in den staatlichen Vorgaben wie Bildungsstandards, Lehrplänen und Prüfungsanforderungen;
- deren Modellierungen nach wissenschaftsbasierten Kompetenzmodellen, die fachbezogen gemäß dem schulischen Fächerkanon entwickelt werden sollten;
- der Graduierung der darin enthaltenen Kompetenzbereiche nach Niveaustufen zur Festlegung von Graden der Zielerreichung bei den Schülerinnen und Schülern;
- der Messung von deren Leistungen mittels standardisierter, landesweiter Tests als ‚Output' schulischen Lehrens;

- und schließlich der Rückmeldung dieser Ergebnisse als Feedback an Schulen und Bildungspolitik mit dem Ziel kontinuierlicher Verbesserung.

Kaum etwas davon konnte auf einigermaßen kohärente Weise theoretisch ausgearbeitet und praktisch umgesetzt werden. Schon das Grundlagenpapier für diesen Ansatz, das vom Bundesministerium für Bildung und Forschung in Auftrag gegebene und von diesem gemeinsam mit der KMK 2003 veröffentlichte Expertengutachten „Zur Entwicklung nationaler Bildungsstandards“[15], heute nach dem Leiter der Arbeitsgruppe meist als „Klieme-Expertise“ bezeichnet, ließ spätere Sollbruchstellen bereits erkennen. Die Verfasser der Klieme-Expertise sahen sich veranlasst, das Kompetenzverständnis Heinrich Roths durch die inzwischen fast schon kanonische Definition des Psychologen Franz E. Weinert zu ersetzen, weil diese sich besser für fachbezogenes schulisches Lernen eigne. Hiernach sollten unter Kompetenzen verstanden werden „die bei Individuen verfügbaren oder von ihnen erlernbaren kognitiven Fähigkeiten und Fertigkeiten, bestimmte Probleme zu lösen, sowie die damit verbundenen motivationalen, volitionalen und sozialen Bereitschaften und Fähigkeiten, die Problemlösungen in variablen Situationen erfolgreich und verantwortungsvoll nutzen zu können.“[16] Als Facetten solcher Kompetenzen wurden Fähigkeit, Wissen, Verstehen, Können, Handeln, Erfahrung und Motivation genannt. Bei Weinert sollte dieser Kompetenzbegriff allerdings lediglich dazu dienen, den vagen schulischen Leistungsbegriff zu präzisieren, und dies durchaus auch mit Blick auf fächerübergreifendes Lernen.[17] Von einer Ersetzung des Bildungsbegriff durch das Konzept der Kompetenz war bei Weinert nicht die Rede, ganz im Gegenteil sprach er noch ganz selbstverständlich von „Bildungszielen“.

Sicher nicht ganz zufällig bezieht sich die Klieme-Expertise zur Konkretisierung ihres Vorschlags einer auf Kompetenzmessungen basierenden Outsteuerung des Schulsystems nur auf Beispiele aus Fremdsprachenunterricht und Mathematik. Auch in der Folgezeit ist die standardisierte vergleichende Testung von Schulleistungen über diese Fächer nicht weit hinausgekommen. In der politischen Bildung sind nahezu alle Elemente dieses Kompetenzbegriffs inhaltlich umstritten – welche Probleme sollen gelöst werden, welche Lösungen können als erfolgreich und verantwortungsvoll gelten, welches Wissen ist relevant, was genau meint Verstehen, und so weiter. In der politischen Bildung kann ferner, wie in den meisten Fächern der Schule, keine Rede davon sein, dass eine standardisierte vergleichende Testung aller fachlichen Kompetenzen sich hätte realisieren lassen.

Man muss der Klieme-Expertise zugutehalten, dass sie zumindest in allgemeiner Form an Bildung als Referenzbegriff für die Schule festhalten wollte: „Ohne Bezug auf allgemeine Bildungsziele wären Kompetenzanforderungen reine Willkür oder bloße Expertenmeinung.“[18] Auch sollten nach dieser Expertise kompetenzorientierte Bildungsstandards, auf die die Messung des schulischen Outputs sich beziehen sollte, nicht das gesamte Curriculum, sondern nur einen Kernbereich der Fächer abdecken. Überdies wurde dezidiert gefordert, dass kompetenzorientierte Vergleichstests strikt von Notengebung und Abschlussprüfungen zu trennen seien, weil es nicht darum gehe, den individuellen Leistungs- und Selektionsdruck auf Schülerinnen und Schüler zu erhöhen.[19]

Aber solche argumentativen Absicherungen und Begrenzungen blieben letztlich wirkungslos, wohl auch deshalb, weil sie in der Klieme-Expertise zwar postuliert, aber hinsichtlich ihrer Konsequenzen nicht konkretisiert wurden. Geschehen ist in den Folgejahren etwas anderes: eine hypertrophe, blasenartige Ausweitung der Kompetenzorientierung auf alles und jedes, was irgendwie mit Lehren und Lernen zu tun hat. Alle Bereiche der Schule, die Fächer ebenso wie soziales Lernen oder ‚Demokratiepädagogik‘, außerschulische Handlungsfelder von der Kindertagesstätte („Der kompetente Säugling“)[20] über die Modulbeschreibung in universitären Studiengängen, die außerschulische Jugend- und Erwachsenenbildung, die berufliche

Weiterbildung, bis hin zur Trauerbegleitung bei Sterbefällen[21] sollten nun auf irgendeine Weise kompetenzorientiert werden.

Die Transformationen, die die Kompetenzorientierung im Zuge dieser Entwicklungen erfahren hat, und die Aporien, in die diese geführt haben, sollen hier nicht im Detail nachgezeichnet werden.[22] Sie führten jedenfalls in der politischen Bildung wie auch in den anderen gesellschaftswissenschaftlichen Fächern zu teils massiven Konflikten um grundsätzliche Fragen des jeweiligen Fachverständnisses, die meist auf ältere Kontroversen zurückzuführen waren, nun aber als Streit um Kompetenzen und Kompetenzmodelle ausgetragen wurden. Besonders pointiert ist das in der politischen Bildung zu sehen, wo es zu einer direkten Konfrontation zweier Autorengruppen kam, die sich sehr stark um das Verhältnis von Wissen und Kompetenzen sowie um das Verständnis von gutem Unterricht drehte.[23] In der Geographiedidaktik wurde unter anderem in der österreichischen Zeitschrift „GW-Unterricht" (Geographie und Wirtschaftskunde im Unterricht) zwischen 2011 und 2013 eine kontroverse Debatte um Kompetenzorientierung geführt (vgl. ferner auch das Streitgespräch bei Hoffmann et al.[24]), während in der ökonomischen Bildung aus Anlass eines im Auftrag des Gemeinschaftsausschusses der deutschen gewerblichen Wirtschaft erarbeiteten Modells für kompetenzorientierte Bildungsstandards die gegensätzlichen Fachverständnisse hart aufeinander prallten.[25] Für den Geschichtsunterricht beschreibt Pandel, bereits rückblickend, das Ergebnis der Debatte um Kompetenzorientierung so: „Wir kommen zurzeit in der Geschichtsdidaktik bzw. im Geschichtsunterricht auf knapp 30 grundverschiedene Kompetenzmodelle. Die Zahl der einzeln aufgeführten sog. Kompetenzen geht alleine im Geschichtsunterricht in die Hunderte, weil Wissensziele als Kompetenzen ausgegeben werden (‚Kompetenzerwartung'). Hinzu kommen noch allgemeinpädagogische Modelle, die beanspruchen, auch im Fach Geschichte anwendbar zu sein."[26] Neben solchen Konflikten innerhalb der Fachdidaktiken zeigten sich auch zwischen den

Bundesländern in Deutschland sowie zwischen den deutschsprachigen Staaten bei der Entwicklung kompetenzorientierter Vorgaben wie Lehrplänen die üblichen Abgrenzungs- und Profilierungsbedürfnisse, was es praktisch unmöglich machte, ein bereits ausgearbeitetes Kompetenzmodell ohne Modifikationen in einem anderen Land zu übernehmen.

Zwanzig Jahre nach der ersten PISA-Studie spricht vieles für die These, dass die Kompetenzorientierung an ihr Ende gelangt – noch nicht unbedingt in der Praxis, die in aller Regel zeitverzögert auf neue Entwicklungen reagiert, aber doch in konzeptueller Hinsicht und ganz sicher in dem Anspruch, in ihr eine Alternative zur Idee der Bildung zu sehen. In den gesellschaftswissenschaftlichen Fächern stagniert die Theoriediskussion zu diesem Thema seit den frühen 2010er-Jahren. Auch in der Forschung, wie sie sich beispielsweise in den Themen abgeschlossener Dissertationen spiegelt, ist die Kompetenzorientierung inzwischen an den Rand geraten.[27] Weder sind in den letzten Jahren neue Kompetenzmodelle entwickelt worden, noch sind ernsthafte und aussichtsreiche Anstrengungen zu erkennen, die Widersprüche zwischen konkurrierenden Modellen aufzulösen. Man wird in dieser Hinsicht wohl Pandels kritische, auf den Geschichtsunterricht bezogene Bilanz aus dem Jahr 2016 auch für die anderen gesellschaftswissenschaftlichen Fächer nicht völlig von der Hand weisen können: „Die Situation ist heute völlig verfahren, nichts hat sich in den letzten zwölf Jahren geklärt.“[28]

Was bleibt von der Kompetenzorientierung?

Anfang der 2000er-Jahre war die Kompetenzorientierung in der Didaktik der politischen Bildung, wie auch in anderen Fachdidaktiken, zunächst auf Offenheit, vielfach auch auf aktive Unterstützung gestoßen. Als erste Fachgesellschaft legte die Gesellschaft für Politikdidaktik und politische Jugend- und Erwachsenenbildung (GPJE) schon 2003 einen Entwurf für kompetenzorientierte nationale Bildungsstandards im eigenen Fach vor.[29] Dies war zwar im Sinn einer bildungspolitischen Intervention auch der Situation geschuldet, dass die Kultusministerkonferenz die Entwicklung nationaler Bildungsstandards für andere Fächer angekündigt hatte und unklar war, was das für Zukunft der politischen Bildung an Schulen bedeuten würde. Aber es brachte ebenso einen zum damaligen Zeitpunkt bestehenden Konsens darüber zum Ausdruck, dass eine aktive Beteiligung an diesem Prozess interessante Perspektiven für Schule und politische Bildung eröffnen könnte.

Diese Perspektiven ergeben sich zunächst aus dem für den Kompetenzbegriff zentralen Gedanken, Wissen und Können miteinander zu verbinden. Dieser Gedanke impliziert ein starkes kritisches Potenzial gegen ein Alltagsverständnis von schulischem Wissen als ‚Stoff', der im Wesentlichen für innerschulische Zwecke wie Leistungskontrollen und Abschlüsse anzueignen ist, ansonsten aber für die Lernenden wenig Relevanz für das eigene Weltverhältnis hat und von dem deshalb vielfach auch nur wenig über die schulischen Prüfungsanlässe hinaus im Gedächtnis bleibt. In Verbindung mit einem konstruktivistischen Wissensverständnis hat die Kompetenzorientierung ferner die Aufmerksamkeit auf das Vorverstehen der Schülerinnen und Schüler zu Beginn eines Lernvorhabens sowie die Notwendigkeit einer entsprechenden fachlichen Diagnostik als Ausgangspunkt der Unterrichtsplanung und Teil des Lehrerhandelns gefördert (vgl. unten Kapitel 5). Diese Aspekte bleiben auch für eine bildungsorientierte politische Bildung von Bedeutung.

Weiterhin aktuell ist auch die im GPJE-Modell getroffene Entscheidung, die Förderung von politischer Urteilsfähigkeit und politischer Handlungsfähigkeit als zentrale Intentionen des Faches zu definieren, ergänzt durch methodische Fähigkeiten und fachbezogenes Wissen. Dies bleibt schon deshalb aktuell, weil über diese Intentionen schon vor der Kompetenzorientierung in der Didaktik der politischen Bildung ein breiter Grundkonsens bestand, unbeschadet unterschiedlicher inhaltlicher Konkretisierungen und Ergänzungen.

Wie aber ließen sich Begriffe wie Kompetenzen und Qualifikationen, wenn man sie nicht als Bildungssurrogate versteht, in einen systematischen Zusammenhang mit dem Bildungsbegriff bringen? Dazu hat Ulrich Herrmann einen bedenkenswerten Vorschlag gemacht, wobei er Qualifikationen im Sinne einfacher Fertigkeiten versteht: „ohne Qualifikation keine *technisch richtige* Problembearbeitung, ohne Kompetenz keine Beurteilung *möglicher sinnvoller* Problemlösungen. Diese ‚Kompetenz' markiert zugleich den Unterschied zu ‚Bildung', wenn es um die Frage geht, welche Instanz es denn für die *Sinnhaftigkeit* einer Handlung/Unterlassung oder für die *Wünschbarkeit* eines technisch korrekten und fachlich kompetenten Vorhabens gibt."[30] Mit anderen Worten, erst von einem geklärten Bildungsverständnis aus ergeben sich Kriterien dafür, welche Kompetenzen warum als sinnvoll gelten können. Das betrifft keineswegs nur die Ebene von Lehrplänen und anderen allgemeinen Regularien, sondern auch und gerade die Ebene des konkreten Unterrichts und des Schullebens.

Die von Herrmann vorgeschlagene Relationierung lässt sich gut (mit Blick auf das Wort „technisch" cum grano salis) auf politische Bildung beziehen, in der inhaltlich ja sehr oft politische Probleme im Mittelpunkt stehen. Um Qualifikation ginge es hiernach, wenn beispielsweise zu prüfen ist, welche vorgeschlagene Lösungen für ein Problem rechtlich, finanziell oder aufgrund von Mehrheitsverhältnissen überhaupt möglich wären; um Kompetenz, wenn mögliche Folgen verschiedener Lösungen abzuschätzen sind; um Bildung schließlich, wenn Schülerinnen und Schüler auf der Grundlage ihres politischen Weltverstehens die Sinnhaftigkeit und Wünschbarkeit von Lösungen begründet beurteilen. Ein Hinweis auf erfolgreiche Bildungsprozesse wäre dann, wenn diese Schülerinnen und Schüler durch den Unterricht in Bezug auf ihr politisches Weltverstehen Bestärkung, Ergänzung durch neue Aspekte oder Irritation, eventuell sogar eine Selbstkorrektur erfahren.

Es sollte an diesem Beispiel auch zu erkennen sein, dass in der politischen Bildung eine standardisierte vergleichende

Messung von Lernergebnissen umso leichter möglich ist, je trivialer das Anspruchsniveau bleibt. Relativ einfach machbar wäre sie bei Qualifikationen, praktisch unmöglich bei Bildungsprozessen, auf die es dem Fach aber letztlich ankommen muss. Unmöglich ist eine solche Messung, weil Bildungsprozesse sich auch bei gleichem Leistungsniveau eben nicht in standardisierbaren Arbeitsergebnissen zeigen müssen. Sie können sich durchaus in individuell verschiedenen, nur sehr begrenzt vorhersehbaren Ausdrucksweisen niederschlagen, bei denen unter Umständen die überraschendste Schüleräußerung zugleich die qualitativ beste sein kann.

Zurück zur Bildung

Als Surrogat für den Bildungsbegriff musste die Kompetenzorientierung scheitern. Zwar ist Bildung ein komplexes und im Einzelnen kontrovers auslegbares Konzept; aber es ist gleichwohl möglich, begründet zu bestimmen, was es heißen kann, gebildet zu sein.[31] Ebenso lässt sich sinnvoll von ‚allgemeiner Bildung' sprechen. Was aber der ‚kompetente Mensch' in allgemeiner Form sein soll, lässt sich als universelles Leitbild für das Bildungswesen nicht beschreiben, weil Kompetenz – im Unterschied zu Bildung – immer nur in Bezug auf ein ‚Wofür' bestimmbar ist. Eine ‚allgemeine Kompetenz' gibt es nicht.

Vor allem mit Blick auf Schule ist aber eine begrifflich fassbare Vorstellung davon, was ihr „Gesamtauftrag" (Klafki, s.o.) sein soll, was also die Gesellschaft mittels der Schule von der jungen Generation eigentlich will, unerlässlich, zumindest wenn man an der Idee und Praxis einer verpflichtenden öffentlichen Schule auch in Zukunft festhalten will. Schon Wilhelm von Humboldt ahnte, dass der erhebliche Aufwand für ein staatlich finanziertes Schulsystem für alle Kinder ohne die verbindende Idee einer allgemeinen Bildung kaum zu rechtfertigen sein würde, denn spezialisierte Fertigkeiten (und Kompetenzen) ließen sich auch in einem marktförmigen Rahmen von jeweils spezialisierten Anbietern vermitteln. Anders gesagt, die Schule

„benötigt eine Antwort darauf, wie sie das Verhältnis der Generationen zueinander auslegen will“[32], und diese Antwort muss mehr und anderes umfassen als eine Liste von Kompetenzen.

Um dieses ‚mehr und andere‘ näher zu bestimmen, gibt es auch heute in der deutschen Sprache keine Alternative zum Begriff der Bildung. (Im Englischen, um diesen Einwand gleich aufzugreifen, folgt aus dem Fehlen eines sprachlichen Äquivalents für die deutsche Unterscheidung zwischen Erziehung und Bildung keineswegs, dass das mit dem Bildungsbegriff Gemeinte nicht sprachlich zum Ausdruck gebracht werden kann; „education“ kann Erziehung und/oder Bildung meinen, und die angemessene deutsche Übersetzung hängt vom Verwendungszusammenhang ab.) Nach der Kompetenzorientierung braucht es daher in den pädagogischen Wissenschaften, zu denen auch die Fachdidaktiken zählen, einen Rekurs auf das Konzept der Bildung.

Ein solcher Rekurs kann sich inzwischen auf ein in Wissenschaft und Öffentlichkeit wieder gestiegenes Interesse am Begriff der Bildung stützen. In den letzten Jahren ist eine Fülle von Büchern neu erschienen, die zu einer Reaktualisierung des Bildungsdenkens beitragen.[33] Die vielfältigen Fragen, die mit der Geschichte der Bildungsdenkens und dessen Erneuerung in Verbindung stehen, können hier nicht in der wünschenswerten Breite erörtert werden.[34] Im Folgenden sollen lediglich einige wenige zentrale Aspekte von Bildung als pädagogischer Leitidee in knapper Form angesprochen werden.

Das Konzept der Bildung bezeichnet eine bestimmte Qualität von Lernprozessen in der Auseinandersetzung mit dem, was Menschen als Wirklichkeit begegnet. Zu Bildung wird Lernen dann, wenn es das Welt- und Selbstverständnis von Lernenden berührt – sei es im Sinn einer Erweiterung, einer Veränderung oder auch einer Bestärkung durch reflexive Auseinandersetzung mit anderen Welt- und Selbstverständnissen. Humboldt sprach in diesem Sinn von Bildung als „Verknüpfung unsres Ichs mit der Welt zu der allgemeinsten, regesten und freiesten

Wechselwirkung."[35] Zu dieser Qualität der „Verknüpfung" durch Lernen gehört, dass in Bildungsprozessen Aspekte der Wirklichkeit bzw. einer kulturellen Überlieferung nicht einfach übernommen, sondern zum Gegenstand des Fragens, Prüfens, Bedenkens und ggf. auch des begründeten Beurteilens gemacht werden. Zugleich sollen Menschen in der Auseinandersetzung mit vielfältigen Wirklichkeitserfahrungen lernen, ihre persönlichen Potenziale (Humboldt sprach von „Kräften") zu entwickeln und zu entfalten. Bildung ist eine Form der Horizonterweiterung.

„Welt" meint bei Humboldt vorrangig von Menschen hervorgebrachte Kultur(en) im weitesten Sinn, beginnend schon mit der Sprache. Humboldts Begriff der „Wechselwirkung" lässt sich als dialektisches Verhältnis[36] verstehen: Einerseits hat Bildung für den einzelnen Menschen im Verhältnis zu seiner gesellschaftlich-kulturellen Umwelt eine befreiende Wirkung. Bildung versetzt den Einzelnen in eine reflexive Distanz zu den scheinbaren Selbstverständlichkeiten, die ihm in der ihn umgebenden sozialen Wirklichkeit begegnen und von denen ein Druck zur Anpassung ausgeht. In diesem Sinne ist Bildung ein Prozess der *Ent-Bindung* aus sozialen Zwängen. Auf diesen Aspekt fixierte sich einseitig die Emanzipationspädagogik der 1970er-Jahre. Zugleich aber ist Bildung „Kultur nach der Seite ihrer subjektiven Zueignung."[37] Oder in den Worten Peter Bieris: „Bildung ist die wache, kenntnisreiche und kritische Aneignung von Kultur."[38] Sie ist damit immer auch *Einbindung* des Einzelnen in einen kulturellen Zusammenhang. Bildung erfordert daher von den sich Bildenden das sich Einlassen auf die intensive Auseinandersetzung mit kulturellen Gütern. Diese „Zueignung" (Adorno) von Kultur ist überhaupt erst die Voraussetzung dafür, zu diesen kulturellen Traditionen ein reflexives Verhältnis mit eigenen Sichtweisen und Urteilen entwickeln zu können. Die Freiheit, die Bildung eröffnet, ist also nicht zu verwechseln mit dem (gleichwohl in Demokratien garantierten) Recht, zu allem und jedem eine Meinung zu haben, oder mit einer ausschließlich instrumentellen Haltung zu Kulturgütern, sei es als im Sinn hedonistischer Bedürfnisbefriedigung oder sei es im Sinn von deren Nutzung für berufliches Fortkommen oder sozialen Status.

Die Ausgestaltung dieser Dialektik zwischen Ent- und Einbindung kann in verschiedenen historischen und kulturellen Kontexten sich deutlich unterscheiden. So ist die starke Betonung von Individualität auf der Seite der Ent-Bindung ein Merkmal europäisch-westlichen Denkens. Gleichwohl ist Bildung ebenso möglich in stärker gemeinschaftsorientierten kulturellen Zusammenhängen wie in weiten Teilen Asiens, in stärker traditionalistischen Milieus oder in hoch religiösen Gesellschaften. Diese Dialektik nach einer Seite hin aufzulösen, verschließt aber die Chancen der Bildung. Dies ist in politischen Systemen und Denkweisen gegeben, die jede reflexive Distanz zu einem vorgegebenen Weltverständnis durch eine ausschließlich affirmative Erziehung verhindern wollen. Dies kann auch in hyperindividualistischen Formen westlichen Denkens der Fall sein, wenn in einer „Gesellschaft der Singularitäten“[39] Individualisierung zu einer sozialen Norm wird, die auf eine zwanghafte Form der Einbindung hinausläuft.

Mit dieser Dialektik verbunden ist die Spannung zwischen Zweckfreiheit und Nützlichkeit von Bildung. Zur Geschichte des Bildungsdenkens gehört die Überzeugung, dass Bildung keinen instrumentellen Charakter hat, also nicht äußeren Zwecken dient, sondern ihren Sinn in sich selbst hat, genauer in der Persönlichkeitsentwicklung der sich bildenden Menschen. Der amerikanische Soziologe Andrew Abbott hat in einer Begrüßungsansprache an Erstsemester der Universität Chicago diese Zweckfreiheit von Bildung, ganz der Tradition Humboldts, noch einmal emphatisch unterstrichen: „The reason for getting an education here – or anywhere else – is that it is better to be educated than not to be. It is better in and of itself. Not because it gets you something. Not because it is a means to some other end. It is better because it is better.“[40]

Gleichwohl kann Bildung zugleich auch nützlich sein, für den sich bildenden Menschen wie für die Gesellschaft. Dem

Einzelnen ermöglicht Bildung den Zugang zum Reichtum der menschlichen Kulturgeschichte. Sie ist eine Brücke zu Menschen, die vor uns gelebt haben – und zu Menschen, die in unserer Zeit, aber in anderen kulturellen Kontexten leben. Bildung kann dadurch bei der Bewältigung vielfältiger Unsicherheiten und Lebenskrisen helfen, eben weil sie Zugänge zu vielfältigen kulturellen Mustern eröffnet, mit denen Menschen in Geschichte und Gegenwart solche Erfahrungen gedeutet und verarbeitet haben – in Wissenschaften, Philosophie und Religion, in Kunst, Musik und Literatur. Bildung bereichert unsere Erfahrungen und erweitert unsere Erfahrungsfähigkeit, weil sie unser Weltverstehen erweitert. Um Beispiele zu nennen: Wer sich mit Architektur und Kunst beschäftigt hat, sieht und erlebt dadurch wahrscheinlich mehr, wenn er in eine fremde Stadt kommt; wer sozialwissenschaftliches Denken kennengelernt hat, wird soziale Phänomene anders wahrnehmen und nicht jeder durch die Medien geisternden Statistik kritiklos ausgeliefert sein; wer eine fremde Sprache spricht, findet Zugang zu mehr Menschen und oft auch zu einer anderen Art, die Welt zu sehen. Überdies können durch Bildungsprozesse erworbene oder geförderte Dispositionen wie Neugierde, Offenheit, Selbständigkeit im Denken und Urteilsfähigkeit auch für berufliches Handeln nützlich sein.

Bildung sollte zwar nicht mit der Erwartung überfordert werden, ihre Verbreitung werde eine ideale (harmonische, friedliche, herrschaftsfreie, diskriminierungslose ...) Gesellschaft hervorbringen. Die Überfrachtung von Bildung mit Heilserwartungen wäre eine quasi-religiöse Ideologie; nicht immer ist pädagogisches Denken davon völlig frei geblieben[41], und im Kontext moderner sozialer Bewegungen finden sich immer wieder solche Überforderungen. Bildung kann politische, ökonomische und kulturelle Probleme und Konflikte nicht beseitigen. Aber sie kann durchaus die Bedingungen für den produktiven Umgang mit solchen Problemen und Konflikten verbessern – und sei es nur, indem sie ein Gegengift gegen die Verbreitung von Ressentiments und religiösem wie politischem Extremismus ist.

Was also kann es heißen, *gebildet* zu sein? Gewiss ist Bildung nicht mit einer einheitlichen Vorstellung von konkretem Verhalten, präzise definierten Wissensbeständen oder vorhersehbaren Urteilen verbunden. Gebildete Menschen können in ihren Überzeugungen, Interessen, Lebensentscheidungen und Handlungsmustern sehr verschieden sein. Dennoch lässt sich Bildung auch als *Habitus* verstehen, wenngleich nicht im Sinn der sozialen Distinktion und Abgrenzung gegen Angehörige unterer sozialer Schichten. Bildung ist kein Privileg bestimmter sozialer Schichten oder Milieus.

Ulrich Herrmann hat in einer knappen Übersicht Zusammenhänge zwischen Bildungserfahrungen und bestimmten Persönlichkeitsmerkmalen aufgelistet, die sich zusammengenommen auch als Habitus der Bildung verstehen lassen:

„Bildung ergibt sich

- aus der Erfahrung der Mühe des Aneignungsprozesses, seiner Vorläufigkeit und Unvollständigkeit: Bildung macht *selbstbewusst* und *bescheiden*;
- aus der Erfahrung der Selbstveränderung durch diesen Prozess und seine Unabschließbarkeit: Bildung macht *sensibel* und *neugierig*;
- aus der Befähigung, neue offene Fragen abwägend anzugehen und nicht borniert zu beantworten: Bildung macht *bedachtsam* und *tolerant*;
- aus der Anteilnahme am Leben anderer: Bildung *humanisiert* und weckt *Mitverantwortung*;
- aus der Stärkung von Ichbewusstsein durch kommunikatives pro-soziales Verhalten: Bildung stärkt und *ermutigt*."[42]

Diese Übersicht lässt gut ergänzen durch einige Aspekte aus Robert Spaemanns Antwort auf die Frage, was es heißt, gebildet zu sein, die sich stärker auf Weltverstehen und Wissen sowie Umgang mit Vielfalt beziehen:

„Gebildet ist, wen es interessiert, wie die Welt aus anderen Augen aussieht, und wer gelernt hat, das eigene Blickfeld auf diese Weise zu erweitern. (...) Das Wissen des gebildeten Menschen ist strukturiert. Was er weiß, hängt miteinander zusammen. Und wo es nicht zusammenhängt, da versucht er, einen Zusammenhang herzustellen oder wenigstens zu verstehen, warum dies so schwer gelingt. (...) Das Fremde ist ihm eine Bereicherung, ohne die er nicht leben möchte – kein Grund, sich des Eigenen zu schämen. (...) Der gebildete Mensch kann bewundern, sich begeistern, ohne Angst, sich etwas zu vergeben. Insofern ist er das genaue Gegenteil des Ressentimenttyps, von dem Nietzsche spricht, des Typs, der alles klein machen muß, um sich selbst nicht klein zu machen. Er kann neidlos bewundern und sich an Vorzügen freuen, die er selbst nicht hat."[43]

Bildung als Leitidee für politische Bildung

Politische Bildung verknüpft Menschen mit einer bestimmten Dimension der Wirklichkeit, indem sie ihnen Politik respektive das Politische als ein Feld für Denken, Verstehen, Urteilen und Handeln erschließt. Politische Bildung nimmt somit den Menschen als *zoon politikon* (Aristoteles) in den Blick. *Bildung* ermöglicht und fördert sie, indem sie nicht einfach die erzieherische Adaption eines vorgegebenen Verständnisses vom Menschen als zoon politikon betreibt, also etwa die Übernahme einer vordefinierten Untertanen- oder Bürgerrolle. Vielmehr bietet sie – im Sinne von Humboldts „Wechselwirkung" – Lernenden einen offenen Horizont für die Auseinandersetzung mit politischen Fragen und Problemen an, durch die sie ihr Verständnis von der politischen Dimension des menschlichen Zusammenlebens vertiefen und erweitern können, sei es im Sinne von Ergänzung oder sei es im Sinne von Irritation und Veränderung.

Wie jede Bildung zielt also politische Bildung auf Horizonterweiterung im Weltverstehen von Menschen. Im Bereich der Schule ist jedenfalls dann, wenn in der Sekundarstufe I ein eigenes Unterrichtsfach für politische Bildung beginnt, bei den Schülerinnen und Schülern mit bereits ausgeprägten Vorverständnissen und Grundvorstellungen über Politik zu rechnen. Soll politische Bildung bildend wirken, muss sie solche bereits vorhandenen Vorstellungen erreichen, zur Sprache bringen und in Auseinandersetzungen mit neuen Erfahrungen (z.B. Denkanstößen, Fragen, Wissen, Problematisierungen, Gegenpositionen) zu Weiterentwicklungen anregen. Die Entwicklungsrichtung, auf die Bildung in der politischen Bildung hier zielt, lässt sich in Kurzform als Komplexitätszuwachs charakterisieren.[44] Konkret kann dies bedeuten:

- von der bloßen Meinungsäußerung zu reflektierten und zunehmend differenzierter begründeten politischen Urteilen,
- vom Bewusstwerden eigener Interessen zur Einbeziehung der Interessen anderer in politische Entscheidungen,
- von einem moralischen Egozentrismus zu universalisierbaren Bewertungsgründen,
- von oberflächlichem und bruchstückhaftem Wissen (zum Beispiel über politische Institutionen und Verfahren) zu komplexerem Konzeptverstehen (zum Beispiel des Sinns von Wahlen und Repräsentation),
- von spontanem Aktionismus zu strategischem Denken bei der Frage nach politischen Handlungsmöglichkeiten.

Dies betrifft auch die emotionale Seite des Politikverstehens, die jüngst in der Didaktik der politischen Bildung verstärkte Aufmerksamkeit gefunden hat.[45] Emotionen werden in der neueren Forschung nicht mehr als Gegensatz zu Rationalität verstanden, sondern als Ausdruck subjektiver Gewissheiten, die jeweils einen zentralen Referenzpunkt für wertende politische Urteile der Individuen bilden. Emotionen vermitteln somit „ein orientierungsstiftendes sowie handlungsvermittelndes Wissen über das Selbst und die eigenen Beziehungen zur Welt."[46] Sie beziehen sich „in besonderer Weise auf Überzeugungen, Wünsche, Haltungen und Wertvorstellungen eines gelingenden Lebens."[47] Es liegt auf der Hand, dass Emotionen damit für politische Bildungsprozesse von hoher Relevanz sind. Was jemand etwa unter Gerechtigkeit versteht und wie wichtig ihm oder ihr dieser Wert ist, kann eng mit Emotionen wie Zufriedenheit, Stolz, Neid und empfundener Unter- oder Überlegenheit verbunden sein. Noch gibt es zwar wenig Forschung zur subjektiven Entwicklung politisch relevanter Emotionen. Aber die Emotionsforschung legt doch deutlich die Erwartung nahe, dass Emotionen ein Feld für Bildungsprozesse in der politischen Bildung sein können. Dies kann durch die bewusste Wahrnehmung und Reflexion emotionaler Anteile an politischen Urteilen und die Auseinandersetzung mit divergierenden Wahrnehmungen im Unterricht geschehen. Es ist dann durchaus möglich, dass durch neue Bildungserfahrungen beispielsweise Ressentiments vermindert, Mut gestärkt, Unsicherheit überwunden oder neue Zuversicht vermittelt werden kann.

Was Bieri generell über die Bildsamkeit der emotionalen Seite unseres Erlebens sagt, kann auch auf das Erleben von politischen Phänomenen bezogen werden: „Vieles, was wir fühlen und wünschen, ist für uns zunächst undurchsichtig und diffus. Der Prozeß der Klärung, in dem wir uns die Situation und die Geschichte des Erlebens vor Augen führen, macht auch hier etwas mit dem Gegenstand: Indem wir Gefühle und Wünsche identifizieren, beschreiben und von anderen unterscheiden lernen, wandeln sie sich zu etwas, das genauere Erlebniskonturen hat als vorher. Aus Gefühlschaos etwa kann durch sprachliche Artikulation emotionale Bestimmtheit werden. Und das kann man verallgemeinern: Wenn unsere Sprache des Erlebens differenzierter wird, wird es auch das Erleben selbst. Das ist mit dem Ausdruck *éducation sentimentale* gemeint.“[48]

Bildungsfördernde politische Bildung begegnet der Vielfalt individueller Entwicklungsmöglichkeiten mit großer Offenheit. Aber diese Offenheit ist nicht unbegrenzt. Nicht jede Transformation von Welt- und Selbstverständnissen durch neues Lernen kann sinnvoll als Bildung verstanden werden; beispielsweise wird man die Entwicklung von Jugendlichen zu islamistischen Fanatikern und Gewalttätern, die im letzten Jahrzehnt auch in Deutschland zu beobachten war, schwerlich als Bildungsweg bezeichnen wollen. Bildung ist nicht normativ neutral. Damit stellen sich die Fragen nach dem Verständnis von Mündigkeit in der politischen Bildung und die nach kultureller Einbindung durch politische Bildung. Sie sollen in den folgenden Kapiteln diskutiert werden.

2. Mündigkeit, Subjekt und Person: postmoderne Illusionen und die Freiheit des Menschen

Was kann und soll politische Bildung leisten? Diese Frage ist nicht nur mit Blick auf das Verhältnis von Kompetenzen und Bildung Gegenstand der wissenschaftlichen Debatte in der Didaktik der politischen Bildung. Sie betrifft in einem weiteren Sinn Grundfragen des Faches, so die nach seinen fundamentalen normativen Orientierungen und deren Begründungen sowie die nach dem Verhältnis von politischer Positionierung und pädagogischem Selbstverständnis in einem Fachgebiet, das sich in seinem Namen auf Politik *und* auf Bildung bezieht. Nach den politisch aufgeladenen Konflikten in der politischen Bildung der 1970er-Jahre und deren Befriedung durch den Beutelsbacher Konsens von 1976[49] schien es lange so, als habe sich in der Didaktik der politischen Bildung über politische und wissenschaftliche Divergenzen hinweg ein weithin konsensuelles Grundverständnis von den Aufgaben dieser Wissenschaftsdisziplin entwickelt.[50] Inzwischen zeigt sich aber in Folge neuerer Trends, Debatten und Konflikte in Politik, Kultur und Wissenschaften weiterer Klärungsbedarf zu diesen Grundfragen.

Politische Mündigkeit – revisited

Zu dem erwähnten weithin konsensuellen Grundverständnis gehört, dass *politische Mündigkeit* als allgemeinste Formulierung für die Ziele politischer Bildung breite Zustimmung gefunden hat. Im Beutelsbacher Konsens wird das Prinzip des Überwältigungsverbots ausdrücklich mit „der – rundum akzeptierten – Zielvorstellung von der Mündigkeit des Schülers" begründet.[51] Der GPJE-Entwurf für Bildungsstandards definiert politische Mündigkeit so:

„In einer Demokratie gehört es zu den Bildungsaufgaben der Schule, alle Menschen zur Teilnahme am öffentlichen Leben zu befähigen. Durch politische Bildung fördert die Schule bei jungen Menschen die Fähigkeit, sich in der modernen Wirtschaft und Gesellschaft angemessen zu orientieren, auf einer demokratischen Grundlage politische Fragen und Probleme kompetent zu beurteilen und sich in öffentlichen Angelegenheiten zu engagieren. Sie leistet damit einen wichtigen Beitrag zur stets neu zu schaffenden Demokratiefähigkeit junger Menschen. Zusammenfassend lässt sich diese Zielperspektive politischer Bildung als Entwicklung *politischer Mündigkeit* bezeichnen."[52]

Gewiss ist politische Mündigkeit in dieser knappen Definition auch eine „Konsensformel", die sich im Einzelnen unterschiedlich auslegen lässt.[53] Inzwischen gibt es jedoch fundamentalere Kritik an diesem Begriff; so ist von Mündigkeit als pädagogischer „Pathosformel"[54] oder vom „Mythos Mündigkeit", hinter dem sich eine „Erziehung zum funktionalen Subjekt" verberge[55], die Rede. Es lohnt daher, das Konzept der ‚Mündigkeit' noch einmal genauer zu betrachten und auf seine Tauglichkeit für politische Bildung zu prüfen.

In der Didaktik der politischen Bildung wird bei der Konzeptualisierung und Begründung von politischer Mündigkeit besonders häufig auf Immanuel Kant und Theodor W. Adorno Bezug genommen.[56] Mit diesen prominenten Philosophen wird eine doppelte historische Referenz nahegelegt: Die heutige politische Bildung stehe zum einen in der Tradition der Aufklärung und nehme zum anderen aus der Kritischen Theorie der Frankfurter Schule Impulse auf, die eine gesellschaftstheoretische Fundierung des Konzepts der Mündigkeit ermöglichten. Bei genauerem Hinsehen zeigt sich jedoch, dass diese gedachten Kontinuitätslinien keineswegs gradlinig möglich sind und in der Gefahr stehen, bestimmte Probleme des Mündigkeitsbegriffs auszublenden.

Der zentrale Bezugstext Kants für den Diskurs über Mündigkeit ist seine berühmte, in der Berlinischen Monatsschrift publizierte „Beantwortung der Frage: Was ist Aufklärung?" aus dem Jahre 1784. Kant reagierte damit auf eine Frage des Berliner Pfarrers Johannes Friedrich Zöllner, die dieser in der gleichen

Zeitschrift gestellt hatte: „Was ist Aufklärung? Diese Frage, die beinahe so wichtig ist, als: was ist Wahrheit, sollte doch wohl beantwortet werden, ehe man aufzuklären anfinge! Und doch habe ich sie nirgends beantwortet gefunden.“[57]

Kants Antwort begann mit diesen viel zitierten Sätzen: „*AUFKLÄRUNG ist der Ausgang des Menschen aus seiner selbstverschuldeten Unmündigkeit. Unmündigkeit* ist das Unvermögen, sich seines Verstandes ohne Leitung eines anderen zu bedienen. *Selbstverschuldet* ist diese Unmündigkeit, wenn die Ursache derselben nicht am Mangel des Verstandes, sondern der Entschließung und des Mutes liegt, sich seiner ohne Leitung eines andern zu bedienen. *Sapere aude!* Habe Mut, dich deines *eigenen* Verstandes zu bedienen! ist also der Wahlspruch der Aufklärung.“[58] Kant verbindet hier Aufklärung mit der Überwindung von Unmündigkeit, und zwar durch den Gebrauch des eigenen Verstandes, also durch selbstständiges Denken und den dafür erforderlichen Mut. Insoweit lässt sich in der Tat eine Verbindung zwischen Kants Definition von Aufklärung und dem heutigen Verständnis von politischer Mündigkeit ziehen, insbesondere unter dem Aspekt der bei möglichst allen Bürgern zu fördernden politischen Urteilsfähigkeit.

Es wird jedoch oft übersehen, dass Kant im gleichen Text beim Blick auf die notwendige Freiheit für die Vernunft genau zwischen deren „öffentlichem“ und deren „privatem“ Gebrauch unterschied. Als öffentlich verstand er die Teilnahme am öffentlichen Diskurs, so als Gelehrter, wir würden in der Demokratie sagen: auch als Bürger. Dieser Vernunftgebrauch müsse, so Kant, frei und ungehindert sein, in ihm dürfen alle Ordnungssysteme kritisch reflektiert und diskutiert werden. Anders freilich verhält es sich nach Kant in der Ausübung eines „bürgerlichen Postens“ oder Amtes, und wir dürfen verallgemeinern, im Berufsleben und als Akteur in Systemen öffentlicher Ordnung, sei es im Straßenverkehr, im Umgang mit Behörden oder in Schulen und Hochschulen. Hier fordert Kant schlechterdings regelkonformes Verhalten und Gehorsam – was wie gesagt die

Problematisierung der Straßenverkehrsordnung, von Regeln der Exekutive oder in Bildungseinrichtungen in der Rolle des Bürgers und somit in anderer Form und ggf. an anderen Orten nicht ausschließt. Wenn Kant also postuliert, zur „Aufklärung aber wird nichts erfordert als *Freiheit*; und zwar die unschädlichste unter allem, was nur Freiheit heißen mag, nämlich die: von seiner Vernunft in allen Stücken *öffentlichen Gebrauch* zu machen“[59], dann *begrenzt* er zugleich diese Freiheit auf den Bereich des öffentlichen Diskurses. Zugleich lässt er erkennen, dass diese Begrenzung selbst wieder vernünftige Gründe hat, die aus der Funktionslogik jener von Kant als „privat“ bezeichneten Handlungsfelder resultieren.

Schon im Anschluss an diese Differenzierung bei Kant lässt sich konstatieren, dass Entscheiden und Handeln *allein* auf der Basis des Mutes, sich des *eigenen* Verstandes zu bedienen, nicht uneingeschränkt ein allgemeines Prinzip des menschlichen Lebens in jeder Situation sein kann. Wir sind nie *nur* mündig, denn Mündigkeit und Unmündigkeit sind „nie in Reinkultur gegeben: Sie liegen stets in uneindeutigen, komplizierten Mischverhältnissen vor“.[60] Dies ließe sich sogar an Beispielen diskutieren, die Kant für die Unmündigkeit aus Bequemlichkeit anführt: „Habe ich (...) einen Arzt, der für mich die Diät beurteilt (...), so brauche ich mich ja nicht selbst zu bemühen.“[61] Es wird sicher Situationen geben, die hierfür schlagend sind; aber kann man deshalb die Fachkunde von Ärzten tatsächlich gänzlich durch Selbstdenken ersetzen? Oder die von Lehrern und Wissenschaftlern? Das dürfte höchst unwahrscheinlich sein, und es gehört zu den anspruchsvollen Bildungsaufgaben, auch jene Grenzen der eigenen Urteilsfähigkeit, die ihre Ursache nicht in Bequemlichkeit, Feigheit oder Mangel an Verstand haben, angemessen beurteilen zu lernen.

Ein weiteres kommt hinzu. Kant spricht zwar von *Unmündigkeit*, explizit aber nicht von *Mündigkeit*.[62] Es muss offenbleiben, ob der Grund dafür in jenem Prozesscharakter liegt, den Kant der Aufklärung zuschreibt: „Wenn denn nun gefragt wird: leben wir jetzt in einem *aufgeklärten* Zeitalter? so ist die Antwort: Nein, aber wohl in einem Zeitalter der *Aufklärung*."[63] Jedenfalls hat Kant damit ein Verständnis von Aufklärung als einer *unvollendeten Epoche* zum Ausdruck gebracht, das bis in die Gegenwart hinein problematische Folgen hat. Die Folgen bestehen in einer bestimmten Sicht auf die europäische Geschichte der Neuzeit, die sich im öffentlichen Bewusstsein hartnäckig hält, obwohl sie aus historischer, gesellschaftstheoretischer und philosophischer Sicht nicht mehr vertretbar ist. Diese Sicht versteht die Aufklärung als eine ausschließlich europäische, in der Neuzeit beginnende Epoche der Geistesgeschichte, die im 18. Jahrhundert ihren Höhepunkt gehabt habe, Europa und die westliche Welt aber bis heute präge. Mit ihr habe sich vernünftiges Denken gegen das von einem religiösen Weltbild geprägte Mittelalter und gegen den Widerstand der Kirche durchgesetzt und den modernen Wissenschaften den Weg gebahnt. Zugleich seien die ‚Werte der Aufklärung' bis heute normative Grundlage freiheitlicher Gesellschaften. Beides, Vernunft und diese Werte, hätten eine Geschichte des Fortschritts begründet, die auch in Zukunft weiterzuführen und womöglich in einer weltweiten Durchsetzung dieser Werte zu einer Vollendung zu bringen sei.

Zu den Schwächen und Fehlern dieser Erzählung können hier nur wenige Hinweise gegeben werden.[64] Das Verständnis von Aufklärung als *Epoche* sollte zumindest eine gut begründete zeitliche Abgrenzung zur Voraussetzung haben. Dies ist aber nicht der Fall. Es ist nicht klar, wann genau und mit wem diese Epoche begonnen haben soll (mit Kants Zeitgenossen im 18. Jahrhundert? oder doch eher mit John Locke, Leibniz und Descartes im 17. Jahrhundert? oder gar mit Kopernikus und Erasmus von Rotterdam im 15. und 16. Jahrhundert?). Noch weniger klar ist, ob und wann sie endete; oft werden die Französische Revolution oder die Romantik als kulturelle Bewegung der frühen 19. Jahrhunderts genannt; dazu passt, dass der in der Geschichte der Bildungstheorie einflussreiche Neuhumanismus sich dezidiert gegen das Nützlichkeitsdenken in der Pädagogik der Aufklärung absetzte. Zugleich aber wird bis heute die Tradition der Aufklärung beschworen, deren Fortführung[65] oder, differenzierter und teils in kritischer Auseinandersetzung mit den Folgen der ‚alten Aufklärung', deren Erneuerung[66] gefordert wird.

Weiterhin verdeckt die populäre Rede von *den* Werten *der* Aufklärung die Pluralität der dieser Bewegung zugerechneten Gelehrten im 18. Jahrhundert in ganz grundsätzlichen Fragen. So waren keineswegs alle Aufklärer Demokraten, man denke etwa an Friedrich den Großen und Voltaire, und das Verhältnis der europäischen Aufklärung zur Sklaverei war durchaus gespalten.[67] Auch die Positionen zur Religion, konkret dem Christentum, waren sehr unterschiedlich. Während die französische Aufklärung sich überwiegend stark religionskritisch positionierte, galt das beispielsweise für die angelsächsische und die deutsche Aufklärung in weit geringerem Maße. Kant wurde nachgerade zum Hausphilosophen des Protestantismus; ferner gab es im 19. Jahrhundert auch eine katholische Aufklärung, die nicht nur in Europa, sondern auch in Amerika, China und Indien wirkte.[68]

Überhaupt besteht ein zentraler Irrtum der verbreiteten Sicht auf die Aufklärung in der Annahme, diese sei eine Art Alleinstellungsmerkmal europäischen Denkens. Bereits für das 18. und 19. Jahrhundert muss die europäische Debatte über Aufklärung in Verbindung mit einem globalen Austausch der Ideen gesehen werden.[69] Aufklärungsbewegungen gab es vielerorts außerhalb Europas, so unter anderem im Osmanischen Reich[70]; ein aktueller Sammelband enthält ferner Studien zu Aufklärungsbewegungen in Island, Turkestan, Japan, der Mongolei und Tibet.[71]

Wir sollten daher von ‚Aufklärung' nicht mehr in erster Linie als einer Epoche, sondern als einer Geisteshaltung sprechen: der des vernunftgeleiteten Denkens und Handeln unter Einschluss des Bewusstseins von den Grenzen der Vernunft. Diese Geisteshaltung ist weder ein Monopol europäischen Denkens noch eines der Neuzeit, wie die globale Geschichte philosophischen und wissenschaftlichen Denkens erkennen lässt. Sie steht auch nicht in einem Gegensatz zu religiösem Weltverstehen, wie sich im Christentum schon in seinen frühesten Texten, den Briefen von Paulus, zeigt, in denen sich Formulierungen finden wie „Ich rede doch zu verständigen Menschen, beurteilt ihr, was ich sage“ (1 Kor 10,15) oder „Prüft aber alles und das Gute behaltet“ (1 Thess 5,21).

Angesichts der großen Resonanz, die Kants Artikel fand, ist weitgehend in Vergessenheit geraten, dass unmittelbar vor der Veröffentlichung dieses Artikels die Berlinische Monatsschrift bereits die Antwort von Moses Mendelssohn, eines anderen der Aufklärung zugerechneten Gelehrten, auf Zöllners Frage publiziert hatte. Kant hatte von diesem Artikel erfahren, bevor er seinen einreichte, kannte aber den Inhalt des Textes Mendelssohns noch nicht, wie er in einer Fußnote anmerkte. Mendelssohn wählte in seinem Artikel unter der Überschrift „Über die Frage: was heißt aufklären?“ einen anderen Zugang als Kant, indem er den Begriff der Aufklärung in einen systematischen Zusammenhang mit den Begriffen Kultur und Bildung brachte: „Bildung, Kultur und Aufklärung sind Modifikationen des geselligen Lebens; Wirkungen des Fleißes und der Bemühungen der Menschen, ihren geselligen Zustand zu verbessern. (...) Bildung zerfällt in *Kultur* und *Aufklärung*.“[72] Kultur versteht Mendelssohn im weiten Sinn als praktische Verfeinerung und Verbesserung menschlicher Tätigkeiten in vielfältigen Handlungsfeldern. „Aufklärung hingegen scheinet sich mehr auf das Theoretische zu beziehen“, verstanden als vernünftige Erkenntnis und die Fähigkeit zum vernünftigen Nachdenken.[73] „Aufklärung verhält sich zur Kultur wie überhaupt Theorie zur Praxis; wie Erkenntnis zur Sittlichkeit; wie Kritik zur Virtuosität.“[74] Hier ist sofort deutlich, dass sich das mit diesen drei Begriffen Gemeinte nach Mendelssohn nicht auf einen bestimmten Kulturraum oder auf eine konkrete, gar die eigene Epoche begrenzen lässt. Er bringt sogar selbst Beispiele für unterschiedliche konkrete Gewichtungen von Bildung, Kultur und Aufklärung zu verschiedenen Zeiten und an verschiedenen Orten.

Diese begriffliche Relation ermöglicht es Mendelssohn auch bereits, vor möglichen Gefahren bei einer Verabsolutierung des Aufklärungsdenkens zu warnen: „Mißbrauch der Aufklärung schwächt das moralische Gefühl, führt zu *Hartsinn, Egoismus, Irreligion* und *Anarchie*."[75] Es war eine Warnung, die sich angesichts der europäischen Realgeschichte des 19. und 20. Jahrhunderts und der Effekte radikalisierter Aufklärung[76], die sich darin zeigten, als nur zu berechtigt erweisen sollte. Bevor darauf noch näher eingegangen werden wird, soll hier zunächst festgehalten werden, dass sich mit Mendelssohn Aufklärung als eine Geisteshaltung verstehen lässt, die nicht zwingend an den Kontext der europäischen Kultur gebunden ist.

Mündigkeit wäre dann als Ausdruck dieser Geisteshaltung beim Individuum zu verstehen. Sie ist ein Element seiner Bildung, das sich nur in der Dialektik von Einbindung und Ent-Bindung entfalten kann (vgl. Kapitel 1): Ent-Bindung als *selbstständiger* Gebrauch der Vernunft, der in seiner Entwicklung aber immer auch auf Einbindung in einen kulturellen Kontext angewiesen ist, aus dem die Ressourcen für diesen Vernunftgebrauch überhaupt erst gewonnen werden können. Dies beginnt beim (zunehmend differenzierteren) Sprechen und Lesen und wird immer wieder angeregt durch neues Wissen sowie die Auseinandersetzung mit dem Denken und Weltverstehen anderer, das sich in kulturellen Ausdrucksformen wie Literatur, Kunst, Wissenschaft und Religion niedergeschlagen hat.

In diesem Verständnis ist Mündigkeit keine Utopie, keine Chiffre für die Befreiung des Menschen in einer künftigen besseren Gesellschaft und schon gar keine quasi-religiöse Erlösungsvorstellung[77]. Mündigkeit ist eine reale Möglichkeit für die Bildung von Menschen hier und heute. Allerdings stößt sie immer an die Grenzen, auf die schon Kant mit seinen Ausführungen zum ‚privaten' Gebrauch der Vernunft hingewiesen hat. Sie ist überdies auf ein entgegenkommendes, für Bildung förderliches Umfeld angewiesen – im Kleinen (Familie, Schule) wie im Großen (Gesellschaft, Wirtschaft, Politik und Kultur im weiten Sinn). Ohne ein Mindestmaß an Freiheit sind Mündigkeit und Bildung kaum zu verwirklichen. Aber auch wenn dieses gegeben ist, ist mit vielerlei Hindernissen zu rechnen – nicht nur solche im Individuum selbst wie die von Kant angesprochenen, sondern auch solche wie Verfügbarkeit von Ressourcen, Ressentiments im Umfeld oder der Verbreitung von Bildung entgegenstehende Machtinteressen. Überdies stößt Mündigkeit auch in den modernen und demokratischen Gesellschaften auf immer neue Hemmnisse. Sie reichen, um Beispiele zu nennen, von der algorithmisierten Verhaltenssteuerung durch datengetriebene digitale Technologien über Nudging als sanfte Form der Entmündigung durch politische Verhaltenssteuerung[78] bis zum Konformitätsdruck durch identitätspolitische Moralisierungen in der ‚Wokeness'-Bewegung (vgl. Kapitel 3). Insoweit ist Kants Hinweis auf den notwendigen *Mut* zum Gebrauch des eigenen Verstandes nicht nur für seine Zeit gut nachvollziehbar. Für pädagogisches Handeln impliziert das die Notwendigkeit der *Ermutigung* von Lernenden zu ihrer Mündigkeit.

Vor dem Hintergrund dieser Spannungen, in denen das Konzept der Mündigkeit notwendigerweise steht, sind auch die Impulse Adornos, des zweiten hier in Rede stehenden Gelehrten, für den Diskurs über politische Mündigkeit zu sehen. Adorno wird in diesem Diskurs in der Regel mit seiner Schrift „Erziehung zur Mündigkeit" zitiert, die eine Reihe von Rundfunkvorträgen und Gesprächen zu verschiedenen erziehungs-, bildungs- und schulbezogenen Themen aus den Jahren 1959 bis 1969 enthält.[79] Allerdings wird in diesem Buch keine systematische Theorie von Bildung oder Mündigkeit entwickelt. Dammer hält es daher für unwahrscheinlich, dass Adorno, der ein Jahr vor Erscheinen des Buches starb, den Titel selbst gewählt hatte.[80] Bei den darin versammelten Texten handelt es sich um Arbeiten für ein breiteres gebildetes Publikum, mit denen Adorno sich im öffentlichen Diskurs zu Wort meldete – insbesondere mit

Blick auf die in den 1950er- und 1960-Jahren besonders virulente und kontroverse Frage, welche Konsequenzen aus der nationalsozialistischen Vergangenheit für Bildung und Erziehung zu ziehen wären. Die Frage war insoweit für Adorno heikel, als er in der gemeinsam mit Max Horkheimer während ihrer Zeit im amerikanischen Exil verfassten *Dialektik der Aufklärung*, der wichtigsten Grundlagenschrift der frühen Kritischen Theorie, eine Theorie der Moderne vorgelegt hatte, die kaum Raum für positive Antworten auf diese Frage ließ.

Die beiden ersten Sätze der *Dialektik der Aufklärung* lauten: „Seit je hat Aufklärung im umfassendsten Sinn fortschreitenden Denkens das Ziel verfolgt, von den Menschen die Furcht zu nehmen und sie als Herren einzusetzen. Aber die vollends aufgeklärte Erde strahlt im Zeichen triumphalen Unheils."[81] Die europäische Aufklärung wird in diesem Buch in ihren widersprüchlichen Wirkungen, eben in ihrer Dialektik, mit einem vernunftkritischen Blick analysiert, und diese Dialektik der menschlichen Vernunft wird dann bis in die Anfänge der europäischen Philosophie in der Antike zurückverfolgt. Die Entzauberung der Welt durch die Vernunft, die Ersetzung von Mythen durch rationales Denken, führte nach Adorno und Horkheimer zwar zu einer immer besseren Beherrschung der Natur. Aber damit wird nicht nur die Natur handhabbar gemacht. Mit der zunehmenden Dominanz rationaler Welterklärung entwickelt diese sich zur instrumentellen Vernunft, mit der die gesamte Wirklichkeit des Menschen durchdrungen, nach einheitlichen Prinzipien erklärt – und beherrscht werden soll. Doch mit diesem Drang nach Einheitlichkeit des Weltverstehens verwandelt sich die Aufklärung selbst in Mythologie. Mehr noch: Indem auch die soziale Welt und damit am Ende der Mensch selbst den Kriterien instrumenteller Vernunft unterworfen wird, schlägt die Naturbeherrschung auf die Beziehungen der Menschen um. Sie werden nach neuen, abstrakten Herrschaftsformen organisiert, als Kollektive unter funktionalen Gesichtspunkten betrachtet und zu Objekten sozialtechnologischer Steuerung. Im Nationalsozialismus wie im Stalinismus zeigen sich für Adorno und Horkheimer Extremformen dieser Behandlung von Menschen und Menschengruppen als bloße Objekte. Deren antiaufklärerische Barbarei ist aus der Perspektive der *Dialektik der Aufklärung* nicht einfach als Rückfall aus der Moderne zu verstehen, sondern gewissermaßen als die Rückseite jener Mythen, die die Aufklärung selbst hervorgebracht hat. Was Mendelssohn nur vage ahnte, war für Horkheimer und Adorno zur konkreten historischen Erfahrung geworden: die katastrophalen Folgen, die ein „Mißbrauch der Aufklärung" (Mendelssohn) in der instrumentellen Vernunft zeitigen kann.

Die frühe Kritische Theorie der Frankfurter Schule war im Kern eine *negative Theorie* in dem Sinn, dass sie Entwicklungen der modernen Gesellschaft kritisch analysieren wollte, ohne aber damit den Anspruch zu verbinden, kohärente und konkrete politisch-programmatische Alternativen anbieten zu können. Dies führte zu Spannungen mit der anfangs von der Kritischen Theorie begeisterten Neuen Linken der 1968er-Jahre und 1969 zu direkten Angriffen auf Adorno an der Frankfurter Universität (Horkheimer war damals bereits emeritiert).[82] Dieses Missverständnis der Kritischen Theorie der Frankfurter Schule als theoretisches Fundament einer neo-sozialistischen Politik ist bis heute spürbar, bei Linken wie bei Konservativen.

Adornos Überlegungen zu Mündigkeit und deren Beziehung zu (politischer) Bildung haben denn auch einen eher fragmentarischen Charakter. Sie betonen sehr stark die Bedeutung der Förderung von individueller Autonomie und kritischer Selbstreflexion, von Selbstbestimmung und des Mutes zur Nichtkonformität. Zentrales Motiv hierfür ist bei Adorno, einer denkbaren Wiederholung jener Verbrechen, für die *Auschwitz* als Chiffre steht, durch Erziehung und Bildung entgegenzuwirken: „Die Forderung, dass Auschwitz nicht noch einmal sei, ist die allererste an Erziehung. (...) Für das Allerwichtigste gegenüber einer Gefahr der Wiederholung halte ich, der blinden Vormacht aller Kollektive entgegenzuarbeiten, den

Widerstand gegen sie dadurch zu steigern, daß man das Problem der Kollektivierung ins Licht rückt. (...) Menschen, die blind in Kollektive sich einordnen, machen sich selber schon zu etwas wie Material, löschen sich als selbstbestimmte Wesen aus. Dazu paßt die Bereitschaft, andere als amorphe Masse zu behandeln."[83] In Bezug auf Mündigkeit schwankt Adorno zwischen entschlossenem Festhalten an diesem Konzept als Leitidee pädagogischen Handelns in der Gegenwart und der gesellschaftstheoretisch begründeten Skepsis mit Blick auf deren Verwirklichungschancen. Auf der einen Seite also „muß man wohl zunächst einmal wirklich die unbeschreiblichen Schwierigkeiten sehen, die in dieser Einrichtung der Welt der Mündigkeit entgegenstehen."[84] Auf der anderen Seite betont Adorno: „Man kann sich verwirklichte Demokratie nur als Gesellschaft von Mündigen vorstellen."[85]

Adornos Beiträge zu diesem Thema lassen sich wohl am besten als Ausdruck eines ‚Dennoch' verstehen: Geprägt von einer zutiefst pessimistischen Theorie der modernen Gesellschaft, plädierte Adorno mit seinen Rundfunkbeiträgen *dennoch* für die Förderung von Selbstbestimmung des Einzelnen durch Erziehung und Bildung und für die damals noch junge Demokratie. Aber Adornos Schwäche ist die Überspitzung beider Seiten seines Denkens: Die schier ausweglose Diagnose, die moderne Gesellschaften sei vollständig von instrumenteller Vernunft, sozialtechnologischer Steuerung und einem von der Kulturindustrie dominierten Verblendungszusammenfang geprägt, verzerrt die doch erheblich differenziertere gesellschaftliche Wirklichkeit unserer Zeit, die weder ein Zeitalter der Aufklärung noch eines der vollkommenen Finsternis ist. Zugleich unterschätzt Adorno die tatsächlichen Freiheitsräume für die Verbreitung von Bildung, wenn er schreibt, „die einzige wirkliche Konkretisierung der Mündigkeit" bestehe darin, „daß die paar Menschen, die dazu gesonnen sind, mit aller Energie darauf hinwirken, daß die Erziehung eine Erziehung zum Widerspruch und zum Widerstand ist."[86]

Bildung findet in einer unvollkommenen Welt statt, heute wie seit jeher und aller Voraussicht nach auch in Zukunft. Aber weil sie unvollkommen ist, bewegt sich die Welt in der uns erfahrbaren Wirklichkeit[87] immer in Dynamiken von Kontinuitäten und Veränderungen. Politik ist einer der Wirklichkeitsbereiche, in denen dies besonders deutlich sichtbar ist. Politische Bildung zielt darauf, Menschen eine eigene, reflektierte Position in den politischen Dynamiken ihrer Zeit zu ermöglichen und Fixierungen auf Ohnmachtsempfindungen oder ideologische Vereinfachungen zu überwinden. Dafür steht der Begriff der politischen Mündigkeit als Intention politischer Bildung.

Kein Gesicht im Sand – der Mensch als Subjekt und Person

Aber hängt dieses Plädoyer für Bildung und Mündigkeit nicht an einem illusionären Verständnis des Menschen als vernunftbegabtem, eigenverantwortlichen und handlungsfähigen Subjekt, gerade wenn man Aufklärung als Geisteshaltung und nicht primär als Epoche versteht? Sind wirklich alle Menschen, sieht man von schweren gesundheitlichen Beeinträchtigungen ab, zumindest potenziell und unter förderlichen Bedingungen in der Lage, ein solches Selbst als Subjekt zu entwickeln, und zwar nicht nur in Ausnahmesituationen, sondern mit einer gewissen Kontinuität und Stabilität im Lebenslauf?

Jedenfalls war und ist dies eine Vorstellung, die die europäische Moderne und ihr Bildungsdenken tief prägt. Radikaler noch als in Horkheimers und Adornos *Dialektik der Aufklärung* ist diese Vorstellung in der zweiten Hälfte des 20. Jahrhunderts von der französischen postmodernen Philosophie in Frage gestellt worden. Ähnlich wie die *Dialektik der Aufklärung* lassen sich diese Strömungen der zeitgenössischen Philosophie am besten als Reaktion auf die Totalitarismen des 20. Jahrhunderts verstehen, vor allem auf den Nationalsozialismus und den Stalinismus, deren Schrecken ja in der Tat allen Idealisierungen des Menschen im humanistischen Denken der neuzeitlichen europäischen Philosophie Hohn sprachen.

Es sind vor allem Jean-François Lyotard, Jacques Derrida und Michel Foucault, die diese Strömungen prominent vertreten haben. Besonders Foucault ist dabei in den pädagogischen Wissenschaften, mit einiger Verspätung, in den letzten Jahrzehnten stark rezipiert worden. Von Foucault stammt auch die literarisch gelungenste Darstellung der Subjektkritik in diesen Strömungen der neueren Philosophie. In den letzten Absätzen seiner Schrift „Die Ordnung der Dinge" schreibt er:

„Eines ist auf jeden Fall gewiß: der Mensch ist nicht das älteste und auch nicht das konstanteste Problem, das sich dem menschlichen Wissen gestellt hat. Wenn man eine ziemlich kurze Zeitspanne und einen begrenzten geographischen Ausschnitt herausnimmt – die europäische Kultur seit dem sechzehnten Jahrhundert –, kann man sicher sein, daß der Mensch eine junge Erfindung ist. (...) es war die Wirkung einer Veränderung in den fundamentalen Dispositionen des Wissens. (...) Wenn diese Dispositionen verschwänden, so wie sie erschienen sind, wenn durch irgendein Ereignis, dessen Möglichkeit wir höchstens vorausahnen können, aber dessen Form oder Verheißung wir im Augenblick noch nicht kennen, diese Dispositionen ins Wanken gerieten, wie an der Grenze des achtzehnten Jahrhunderts die Grundlage des klassischen Denkens es tat, dann kann man sehr wohl darauf wetten, daß der Mensch verschwindet wie am Meeresufer ein Gesicht im Sand."[88]

Mit „der Mensch" ist hier nicht das biologisch von anderen unterscheidbare Lebewesen gemeint, sondern die oben angesprochene Vorstellung vom Menschen als vernunftbegabtem Subjekt. Für Foucault ist der Mensch als Subjekt nur eine spezifische Formation (er spricht von „Dispositionen" oder an anderen Stellen auch von „Dispositiven") einer von Macht geprägten Vergesellschaftung. Das Subjekt dünkt sich als autonom, als kohärentes Selbst, aber zugleich ist es unterworfen, durch vielfältige diskursive und nichtsprachliche Regulierungen diszipliniert. Mehr noch, gerade die Freiheit des Subjekts erscheint bei Foucault als eine Form der (Selbst-)Regierung, des erwartungsgerechten Verhaltens, mittels derer eine für moderne Gesellschaften typische Form der Macht organisiert wird: Der

Mensch als modernes Subjekt muss nicht mehr repressiv diszipliniert werden, damit er sich funktional (beispielsweise als Marktteilnehmer) verhält, er hat gelernt, sich selbst entsprechend zu disziplinieren. Eine wichtige Rolle spielen dabei nach Foucault *Diskurse*, die er als Wissensordnungen versteht, mit denen machtförmig geregelt wird, was von wem gesagt werden darf und was nicht, sowie was als wahr und was als falsch gilt.

Die Macht, der Menschen nach Foucault unterworfen sind, ist zumindest in modernen Gesellschaften zentrumlos. Sie wirkt effektiv, ist allgegenwärtig, aber sie wird als Ganzes nicht von einer definierbaren Gruppe oder Institution gesteuert. Sie begleitet die Geschichte der Menschen von Beginn an, wandelt aber ihre Form im Wechsel der Dispositive. Sie konnte historisch als Repressionsmacht erscheinen, aber in den letzten Jahrhunderten eben mehr und mehr als diffuse Disziplinarmacht, die vom Individuum gewissermaßen verinnerlicht wird. Sie wirkt bis in die Körperlichkeit hinein, insbesondere in die Sexualität und ihre Ausdrucksformen. Einen Ausweg, eine Perspektive für den Einzelnen, die diese Macht transzendiert, scheint es nicht zu geben; Foucault gilt deshalb als wichtigster philosophischer Verfechter der These vom ‚Tod des Subjekts'.[89]

Angesichts der Ausweglosigkeit einer solchen Sicht auf den Menschen ist die starke Rezeption Foucaults in den pädagogischen Wissenschaften, aber auch in den Kultur- und Sozialwissenschaften, erstaunlich. Sie erinnert an das christliche Verständnis der Erbsünde, jedoch verkürzt um das Versprechen der Erlösung. Foucaults Philosophie ist noch stärker als die Kritische Theorie der frühen Frankfurter Schule *negative* Theorie. Sie ist intellektuell interessant, aber aus ihr lassen sich auf Praxiswirksamkeit zielende pädagogische, didaktische oder politische Theorien nicht schlüssig ableiten.[90]

Postmoderne Theorien neigen dazu, das Subjekt in gesellschaftliche Strukturen aufzulösen. Der Einzelne reagiert hiernach auf wechselnde soziale Situationen und Anforderungen in einer von Pluralität und Differenz geprägten Gesellschaft und bildet dabei verschiedene Identitätsmuster aus – das gleiche Individuum kann in unterschiedlichen Umwelten, in der Familie etwa, am Arbeitsplatz, im Sportverein und in einem virtuellen sozialen Netzwerk, quasi jemand anderer sein. Das Selbst oder die Identität des Individuums kann hiernach allenfalls als in sich heterogen, fragmentiert und dezentriert gedacht werden. Ein kohärenter Identitätskern ist dann aus postmoderner Sicht nur als Illusion vorstellbar. Manche postmodernen Theoretiker sehen in dieser Auflösung des Selbst gar ein emanzipatorisches Potenzial, weil sie dem Individuum im Wortsinn Spielräume eröffnet, sich immer neu zu konstruieren und verschiedene Identitätsfacetten zu neuen hybriden Identitätsformen zu verbinden.

Diese Kritik am Verständnis des Menschen als Subjekt sitzt selbst Illusionen auf und doch enthält sie einen wichtigen und richtigen Kern. Illusionär ist sie, weil die Auflösung eines kohärenten Selbst schlicht nicht lebbar ist, weder für Individuen noch für soziale Verbände. Für Individuen sind die Folgen eines Verlustes des Kohärenzsinns im Blick auf das eigene Leben fatal. Sozialpsychologische Forschungen zeigen, „daß Kohärenz für die alltägliche Identitätsarbeit von Menschen eine zentrale Bedeutung hat, deren Fehlen zu schweren gesundheitlichen Konsequenzen führt.“[91] Ohne das Gefühl der Kohärenz, eines inneren Zusammenhangs der Person, entsteht kein Vertrauen in die Stabilität, Verstehbarkeit und Beeinflussbarkeit der Wirklichkeit und kein Zutrauen in das eigene Handeln in dieser Wirklichkeit. Die Auflösung des kohärenten Selbst führt nicht etwa zu mehr Freiheit: „Wenn Menschen keine sinnhafte Ordnung in ihrem Leben finden oder entwickeln können, dann wirkt sich das in dem Phänomen der ‚Demoralisierung' aus. Dieses Muster beinhaltet Einstellungen und Grundhaltungen, die durch ein geringes Selbstwertgefühl, Hilflosigkeit, Hoffnungslosigkeit und allgemein gedrückte Grundstimmung geprägt ist. (...) Je ausgeprägter das Demoralisierungsgefühl vorhanden ist, desto geringer ist das Kohärenzgefühl entwickelt.“[92] Aber auch Gesellschaften können auf die Vorstellung des verantwortlichen Selbst in den Individuen nicht verzichten, weil es ohne diese Vorstellung keine Verbindlichkeit im zwischenmenschlichen Verhalten gäbe: „Ich werde, wie immer mich die Zeiten verändern werden, insoweit immer derselbe bleiben, dass ich die eingegangenen Verpflichtungen als verbindlich ansehe. Der Vorbehalt, man könnte sich in der Zwischenzeit verändern, gilt nicht. Würde er gelten, wären alle sozialen Verpflichtungen und Verträge hinfällig. Im Innersten des Sozialen lebt die Idee, dass sich das Selbst durchhält. Es mag eine Fiktion sein, aber ohne sie gibt es das Soziale nicht.“[93]

Richtig und wichtig ist jedoch die Kritik an der Vorstellung, dass das Selbst des einzelnen Menschen unveränderlich, womöglich durch die genetische Ausstattung gänzlich vorbestimmt oder durch die Vernunft vollkommen beherrschbar ist. Es trifft wohl auch zu, dass die Erfahrungsfragmente, die Menschen verarbeiten müssen, in modernen Gesellschaften zahlreicher und divergenter werden. Aber es ist eben dennoch möglich, dass Menschen divergente Erfahrungen und unterschiedliche soziale Zugehörigkeiten für ihre persönliche Identität integrieren und sich mit mehreren sozialen Zugehörigkeiten gleichzeitig identifizieren können, beruflichen etwa, religiösen, kulturellen, politischen, regionalen, ohne dass sie ihr Kohärenzgefühl dadurch verlieren. Die damit mögliche Vervielfältigung von Erfahrungen muss das Selbst nicht gefährden, sie kann es im Gegenteil bereichern und erweitern: „Freiheit, Denk-, Handlungs- und Reflexionsfähigkeiten sind auf dynamische, veränderbare Identitätsaspekte angewiesen, die offen sind für etwas, das über Bestehendes und über Bestimmtes hinausgeht: für ein ‚Mehr‘.“[94]

Auf eine andere bedeutsame Problematik des Verständnisses des Menschen als Subjekt hat Kwan Tze-wan in einer luziden Studie hingewiesen. Er erinnert daran, dass der heutige Subjektbegriff in der europäischen Geistesgeschichte erst seit Descartes aufkam und bei vielen Philosophen der Neuzeit eine problematische Schlagseite hat, auf die zuerst Heidegger hingewiesen habe: „Wenn wir den Begriff des Subjekts näher betrachten, dann zeigt sich, dass ‚Subjekt' in seiner strengsten und ursprünglichen Bedeutung nicht das Menschliche insgesamt abdeckt, sondern lediglich das ‚bloße Selbst', das bloße ‚Ich', das sich bewusst wird (...). Infolgedessen sind für ‚mich' alle anderen Menschen nichts als Objekte, welche, wie alle anderen natürlichen Objekte dazu bestimmt sind, durch mich, den selbstbewussten und selbstzentrierten Handelnden gewusst, beherrscht, manipuliert und ausgebeutet zu werden."[95] Von dieser, an Heidegger angelehnten Kritik nimmt Tze-wan Kants Subjektverständnis ausdrücklich aus. Sodann erinnert er an ein anderes Bild des menschlichen Selbst in der europäischen Geistesgeschichte: das Verständnis des Menschen als *Person*, das in der christlichen Spätantike entstand, „besonders seit Boethius' Definition von *persona* als ‚menschliches Individuum geistigen Wesens'. Als Bezeichnung des Individuums unterscheidet sich ‚Person' vom Subjekt durch seine Betonung der Spiritualität und Würde. (...) Während das Subjekt zunächst in einem Selbstverhältnis steht und sich erst in zweiter Linie den anderen nähert, indem es sie auf das eigene Selbst bezieht, entdeckt sich die Person zuallererst durch die selbstlose Einführung und Fürsorge für die anderen."[96] Tze-wan verweist darauf, dass auch dieses Verständnis des Menschen seit Boethius in Europa „zu einer philosophischen Tradition mit eigenem problemgeschichtlichem Erbe" geworden sei. „Unter ihren Befürwortern finden sich Pascal, Kant, und in gewissem Sinne davor auch Hume. In der zeitgenössischen Philosophie wird sie von Buber, Scheler, Nicolai Hartmann, Marcel, Plessner und vielen anderen vertreten. Auch im täglichen Leben spielt dieses Selbst-Bild des abendländischen Menschen unbestreitbar eine wichtige Rolle."[97]

So könnte wohl ein neuer Rückbezug auf das aus dem christlichen Denken stammende Verständnis des Menschen als Person auch dem Konzept der Mündigkeit neue Tiefe verleihen – jenseits der instrumentellen Vernunft wie der Glasperlenspiele der postmodernen Philosophie.

Die Freiheit des Menschen und die politische Bildung

Freiheit ist ein äußerst vielschichtiger, komplexer und kontroverser Begriff.[98] Längst nicht alle seiner möglichen Aspekte sind für *politische* Bildung von Interesse und Bedeutung. Versteht man beispielsweise Freiheit in einem weit gefassten Sinn und in der Tradition von Thomas Hobbes als Abwesenheit äußerer Hindernisse für das, was man tun möchte – oder noch weiter gefasst, auch von inneren Hindernissen wie etwa Furcht und Unsicherheit –, dann ist sofort ersichtlich, dass es viele solcher Hindernisse gibt und geben kann, die nicht politischer Art sind. Gleichwohl ist das Konzept der Freiheit für politische Bildung von zentraler Bedeutung, und zwar sowohl in normativer Hinsicht, also mit Blick auf Ziele und Selbstverständnis des Faches, als auch in fachinhaltlicher Perspektive, also in Bezug auf seine Lerngegenstände.

Das allgemeine Bildungsziel politischer Bildung, die Förderung politischer Mündigkeit, ist ohne den Bezug auf Freiheit weder sinnvoll zu konzeptualisieren noch praktisch realisierbar. Kant weist unmissverständlich auf diesen Zusammenhang zwischen Mündigkeit und Freiheit hin, wenn er, wie oben bereits zitiert, betont, zur Aufklärung als Ausgang aus der Unmündigkeit sei „nichts erfordert als *Freiheit*; und zwar die unschädlichste unter allem, was nur Freiheit heißen mag, nämlich die: von seiner Vernunft in allen Stücken *öffentlichen Gebrauch* zu machen." Dies lässt sich auch über die politische Bildung hinaus auf jede Form von Bildung in einem anspruchsvollen Sinn verallgemeinern: Bildung, die nicht nur Ein-Bindung der Individuen in eine vorgegebene soziale Ordnung, sondern zugleich auch Ent-Bindung sein, also Wege für eine nicht vorgezeichnete persönliche Entwicklung eröffnen soll, ist ohne ein Mindestmaß an Freiheit nicht möglich. Wenn und weil politische Bildung eben *Bildung* intendiert, ist sie normativ mit der Idee der Freiheit verbunden.

Zugleich ist politische Bildung als Fach, dessen Gegenstand die politische Dimension des menschlichen Lebens ist, in *in-*

haltlicher Hinsicht mit politischer Freiheit als einem zentralen Problem politischen Denkens befasst. Wohl die allermeisten Gespräche im Unterricht darüber, was bei einem konkreten politischen Fall, Konflikt oder Problem als ‚gute Politik' gelten kann, können bei der Frage, was von den Beteiligten (politischen Akteuren in der realen Situation oder Schülerinnen und Schülern) als Maßstab für ‚gut' gesehen wird, auf das Problem der Freiheit und der heterogenen Verständnisse von ihr stoßen. Dies wird man zwar sinnvollerweise nicht bei jeder Gelegenheit ausbuchstabieren und wiederholen. Aber es gehört zu den Aufgaben politischer Bildung, ihren Adressaten bei dafür geeigneten Gelegenheiten zumindest die aus fachlicher Sicht wesentlichsten Unterschiede und Kontroversen beim Verständnis von politischer Freiheit zu erschließen und die Urteilsbildung dazu zu fördern. Zu diesen Kontroversen gehören vor allem die zwischen gemeinschaftsorientierten (Freiheit als Freiheit eines Kollektivs, z.B. einer Gesellschaft vor Fremdherrschaft) und individuumszentrierten (Freiheit als Selbstbestimmung des Einzelnen) Freiheitsverständnissen, die Frage nach dem Verhältnis zwischen ‚negativer' Freiheit (von etwas, beispielsweise durch Grundrechte garantierte Freiheit vor staatlicher Bevormundung) und ‚positiver' Freiheit (zu etwas, beispielsweise zur politischen Partizipation)[99] oder die generelle Frage, inwieweit und in welcher Weise um des Erhalts der Freiheit willen Freiheitsbeschränkungen notwendig sind, vor allem in Form von Gesetzen und einer verlässlichen Rechtsordnung. Überdies kann Freiheit bei konkreten politischen Entscheidungsfragen im Konflikt mit anderen, von politischen Akteuren für wichtig gehaltenen normativen Grundorientierungen wie Gerechtigkeit oder Sicherheit stehen – „der Status der Freiheit ist nie stabil."[100]

Dies heißt jedoch nicht, dass politische Bildung *Gefährdungen* der politischen Freiheit gleichgültig gegenüberstehen könnte. Beim politischen Extremismus ist diese Gefährdung schon definitionsgemäß gegeben, weshalb politische Bildung hierauf bezogen die Aufgabe der Prävention und der ideologiekritischen Auseinandersetzung hat (vgl. unten Kapitel 5). Bei anderen Problemlagen, von denen zumindest potenziell eine Gefahr für die politische Freiheit ausgeht, die Sachlage aber weniger eindeutig ist, sollten in der politischen Bildung diese potenzielle Gefährdung thematisiert, aber auch andere Einschätzungen angesprochen werden. Solche potenziellen Gefährdungen gehen beispielsweise von der aktivistischen Wokeness-Bewegung (vgl. Kapitel 3), bestimmten Effekten der Digitalisierung (vgl. Kapitel 5) sowie von sozio-kulturellen Entwicklungen aus, bei denen sich Politikdistanz mit einer egozentrischen „Berechtigungsmentalität" verbindet, bei der Freiheit zum bloßen „Konsumgut" geworden ist.[101]

Weil aber politische Bildung im Sinne der politischen Mündigkeit der Lernenden nicht ein bestimmtes Verständnis von politischer Freiheit als verbindlich oder allein ‚richtig' vorgeben darf, habe ich in *Politik entdecken – Freiheit leben*, wie Kerstin Pohl treffend anmerkt, „mit einer normativ sparsamen Begründung politischer Bildung" gearbeitet.[102] Auf der Ebene der *normativen Grundlegung* politischer Bildung habe ich dabei mich nicht auf ein *bestimmtes* Demokratieverständnis bezogen (unbeschadet meiner persönlichen Überzeugung als Bürger) und in einigen näheren Ausführungen zu Aufgaben politischer Bildung, wie Pohl ebenfalls richtig sieht, auf Aspekte Bezug genommen, die sich unterschiedlichen Verständnissen von politischer Freiheit zuordnen lassen[103] – was freilich nicht bedeutet, dass diese Aspekte in einem Widerspruch zueinander stehen. Pohl sieht hier eine Unschärfe, die aus ihrer Sicht durch ausführlichere demokratie- und gesellschaftstheoretische Begründungen behoben werden sollte. Allerdings würde dies das Problem des Umgangs mit demokratie- und gesellschaftstheoretischem Pluralismus für die politische Bildung verschärfen. Dieser Pluralismus muss sich in der Praxis des Unterrichts spiegeln. Auf der Theorieebene der Fachdidaktik hingegen dürften Festlegungen auf selektiv ausgewählte Demokratie- oder Gesellschaftstheorien, von denen aus dann Normierungen für die Praxis bestimmt werden, letztlich nicht zu Klärungen normativer Fragen, sondern zu ‚Richtungsdidaktiken' führen, deren Konkurrenz im besten Fall fachwissenschaftlichen Schulen und im schlimmsten Fall politischen Richtungen folgt. In beiden Fällen bestünde die Gefahr, dass der *Bildungssinn* politischer Bildung von anderen Intentionen überlagert oder verdrängt wird.

Allerdings weist Pohl durchaus mit Recht darauf hin, dass in manchen Ausführungen zum Freiheitsbegriff in *Politik entdecken – Freiheit leben* noch weitere normative Bezüge durchscheinen. Indem ich mich dort allein auf den *modernen politischen* Freiheitsbegriff bezogen habe, blieb die Frage nach dessen Grundierung in einem allgemeineren Verständnis des Menschen und den daraus ableitbaren normativen Konsequenzen ausgeblendet. In der europäischen Geistesgeschichte bietet das Konzept der *Menschenwürde* eine solche allgemeine Grundierung. Sowohl das deutsche Grundgesetz als auch die Allgemeine Erklärung der Menschenrechte von 1948 stellen diese Verbindung her. Udo di Fabio bringt diesen Zusammenhang so auf den Punkt: „Wir stellen uns den Menschen, dem seine Würde nicht genommen wird, als einen Citoyen vor: mit aufrechtem Gang, selbstbewusst, frei, für sich selbst verantwortlich."[104]

Aber auch bei der Menschenwürde stoßen wir, wie schon beim oben angesprochenen Verständnis des Menschen als Subjekt im Verhältnis zu dessen Verständnis als Person, auf Verluste im Bedeutungsgehalt von großen Konzepten, die für die europäische Kultur von zentraler Bedeutung sind. Di Fabio formuliert es so: „Die Menschenwürde wird zu einer Zuflucht einer ihrer religiösen Wurzeln entsagenden Gesellschaft, doch werden die Grenzen, ja die Leere dieses Quellcodes unserer Werteordnung gerade dann offenbar, wenn die großen religiösen Gewissheiten aus dem Gedächtnis schwinden."[105] Tatsächlich wurde das Konzept der Menschenwürde, verstanden als allen Menschen unabhängig von Stand und Verdiensten zustehend, von Gelehrten der frühneuzeitlichen Renaissance wie Giannozzo Manetti und Giovanni della Mirandolo entwickelt und ausdrücklich mit der

Gottesebenbildlichkeit des Menschen begründet. Zuvor hatte schon Meister Eckhart im Hochmittelalter Bildung und Bildsamkeit des Menschen von der Gottesebenbildlichkeit aus gedacht; Johann Amos Comenius machte dann diese Verbindung von Gottesebenbildlichkeit des Menschen, Menschenwürde und Bildung zur Grundlage seiner Theorie der Schule und der Didaktik, die die neuzeitliche europäische Schule bis in die Gegenwart hinein geprägt hat.

In der europäischen Moderne des 19. und 20. Jahrhunderts hat sich diese Verbindung mehr und mehr gelockert. Damit ist die Menschenwürde hinsichtlich ihrer Begründbarkeit allerdings auf sehr dünnes Eis geraten. Trotz vieler einschlägiger philosophischer Bemühungen sind bis heute sind tragfähige *rein säkulare* Begründungen dafür, dass jeder Mensch eine unverlierbare Würde besitzen soll, von der aus sich seine Freiheit und sein Anspruch auf Menschenrechte begründen lässt, nicht erkennbar.[106] Rüdiger Bittner hat aus dieser Erkenntnis eine radikale, aber schlüssige Konsequenz gezogen. Nachdem ihn eine kritische philosophische Prüfung entsprechender Begründungsversuche zu dem Ergebnis führt, dass das einzige überzeugende Argument für die Menschenwürde das der Gottesebenbildlichkeit des Menschen wäre, er diese aber für „nicht wahr" hält, schlussfolgert er, eine Würde des Menschen zu behaupten sei unvernünftig und müsse daher aufgegeben werden.[107] Konsequenterweise kommt er bei den Menschenrechten zum gleichen Ergebnis.

Es ist hier nicht der Ort, Sinn und Komplexität der christlichen, aus dem Judentum übernommenen Rede von der Gottesebenbildlichkeit genauer zu erörtern.[108] Sie verweist auf die Sonderstellung, die der Mensch trotz seines Eingebundenseins in die Natur im Zusammenhang der Lebewesen hat, wie sie sich beispielsweise in moralischer Urteilsfähigkeit sowie kulturellen Hervorbringungen wie Kunst, Philosophie, Wissenschaft und Religion zeigt. Auch wenn Hepfer diesen Zusammenhang selbst nicht herstellt, ließe sich dieser ihm angesprochene Aspekt menschlicher Freiheit sehr leicht auf den Gedanken der

Gottesebenbildlichkeit beziehen: „Denn der Dreh- und Angelpunkt der menschlichen Freiheit ist unsere Fähigkeit zur Reflexion. Sie ermöglicht es uns, über die einfachen Reiz-Reaktions-Muster der übrigen Natur hinauszugehen. Das Vermögen, Gründe gegeneinander abzuwägen und nach ihnen zu handeln, die Fähigkeit, die Befriedigung von Wünschen, Trieben und Bedürfnissen aufzuschieben oder umzuleiten, ist eine wichtige Zutat menschlicher Freiheit.“[109]

In der Tradition christlichen Denkens bilden Menschenwürde, Freiheit und Bildung einen kohärenten Zusammenhang. Wenn dieser Zusammenhang in der europäischen Kultur auch künftig wirksam bleiben soll, wird eine Reaktualisierung des christlichen Erbes Europas unumgänglich sein (vgl. Kapitel 4).

Die komplexen *erkenntnistheoretischen* Fragen, die sich für ein vernünftiges Weltverstehen sowie für die Begründung von Menschenwürde und Freiheit nach den Irrwegen der Postmoderne stellen, können hier nicht genauer erörtert werden. Schon der späte Max Horkheimer hatte klar gesehen, dass die grundlegenden normativen Intentionen der Kritischen Theorie den Rückbezug auf religiöse Traditionen, insbesondere den Gottesbegriff, nahelegen.[110] Später hat der „verlorene Sohn der Frankfurter Schule“[111], der Philosoph Karl Heinz Haag, diesen Gedanken konsequent weitergeführt. Haag, der zunächst als Nachfolger auf dem Lehrstuhl Adornos vorgesehen war, verließ das Frankfurter Institut Anfang der 1970er-Jahre und widmete sich als Privatgelehrter weiterhin, aber leider nur noch wenig beachtet, der Arbeit an fundamentalen Fragen der Philosophie. In seinem letzten Werk mit dem Titel „Metaphysik als Forderung rationaler Weltauffassung“ legt Haag mit einem knappen, aber luziden Durchgang durch die Geschichte von Philosophie und Theologie dar, dass und warum sowohl vernünftiges Weltverstehen als auch die „Überwindung des modernen Nihilismus“ eine Erneuerung des metaphysischen Denkens erfordern.[112] Denn, so Haag, ohne eine metaphysische Begründung „besitzen auch die einzelnen Subjekte von sich aus keine Rechte, wie sehr die bürgerlichen Verfassungen sie immer proklamieren mögen. Deren feierlicher Rede von ewigen Menschenrechten fehlt die ontologische Grundlage."[113]

Meine eigenen Überlegungen zu Perspektiven des Konstruktivismus für das Verstehen von Lernen und Erkennen in *Politik entdecken – Freiheit leben*[114] habe ich mittlerweile an anderen Stellen zu Umrissen eines *theistischen Konstruktivismus* weiterentwickelt.[115]

3. Kritik und Post-Kritik: Wie kritisch ist die politische Bildung?

Politische Bildung, die selbstständiges Denken und politische Urteilsfähigkeit fördern will, beinhaltet notwendigerweise den Aspekt der reflexiven Distanz zu bestehenden, im weitesten Sinn politischen Verhältnissen. Sie impliziert damit immer das Element der Kritik, denn ‚Kritik' meint ursprünglich genau dies: Prüfung und Beurteilung von etwas mittels der Vernunft.[116] Kritik in diesem Sinn zielt nicht notwendigerweise auf ein *ablehnendes* Urteil – Kant wollte mit seiner „Kritik der praktischen Vernunft" diese ja nicht beseitigen. Inzwischen hat sich allerdings überwiegend ein Gebrauch des Kritikbegriffs verbreitet, nach dem Kritik vorrangig mit der Problematisierung und Infragestellung von als veränderungsbedürftig eingeschätzten Gegenständen assoziiert wird. Kritik bekommt damit eine negative Konnotation; etwas zu kritisieren meint dann, etwas für problematisch, unzureichend oder falsch zu halten, sei es in sachlicher oder moralischer Hinsicht. In Wissenschaft und Bildung wird gemeinhin erwartet, dass solche Kritik *mit Gründen* vorgetragen wird, die argumentativ nachvollziehbar und diskutierbar sind. Sie kann sich in den Wissenschaften „gegen alles und jeden richten" und ist „keinesfalls von vorneherein links."[117]

In der *Geschichte der politischen Bildung* in Deutschland gab es Zeiten, in denen Aufgabenverständnisse prägend waren, die für eine problematisierende Kritik der jeweiligen politischen Verhältnisse und nicht einmal für ergebnisoffene selbstständige Urteilsbildung keinen oder nur sehr wenig Raum ließen.[118] Dies war besonders deutlich in der Restaurationszeit nach der gescheiterten Revolution von 1848, im späten 19. Jahrhundert, im Nationalsozialismus und in der DDR der Fall. Politische Bildung diente damals, unter anderen Fachbezeichnungen, vorrangig der Herrschaftslegitimation im Interesse der jeweiligen Machthaber. Für die jüngere Geschichte der politischen Bildung in Deutschland wird man dies aber nicht behaupten können. Hier ist die kritische Auseinandersetzung mit Politik zu einem zentralen Element ihrer Aufgabenbestimmung geworden.

In den *Wissenschaften* ist Kritik sowohl im offenen Sinn als Beurteilung als auch im negativen Sinn als Problematisierung und Infragestellung jedenfalls dort, wo Wissenschaft frei von politischer Zensur ist, ein Grundprinzip ihres Selbstverständnisses. Die Publizität von Forschung, das Rezensionswesen, peer reviews, der öffentliche Austrag von Kontroversen auf Tagungen und in Publikationen sind Formen, mit denen dieses Grundprinzip gesichert werden soll. Kann dann überhaupt sinnvoll von ‚kritischer Wissenschaft' im Sinne der Selbstbezeichnung einer wissenschaftlichen Denkrichtung in Abgrenzung von anderen wissenschaftlichen Positionen gesprochen werden? Immerhin ist hierbei zu bedenken: „Wird die eigene Position als kritisch apostrophiert, wird anderen die kritische Haltung abgesprochen."[119] Am ehesten dürfte das zu vertreten sein, wenn es gute Gründe für die Einschätzung gibt, dass in einer Wissenschaft oder einem Bildungsbereich Probleme vernachlässigt werden, die für das jeweilige Gegenstandsfeld hoch relevant sind und der (im doppelten Sinne) kritischen Reflexion bedürfen.

So kann es beispielsweise durchaus sinnvoll sein, in Bezug auf Digitalisierung von einer ‚kritischen Medienwissenschaft' zu sprechen, wenn damit akzentuiert werden soll, dass der wissenschaftliche und pädagogische Umgang beispielsweise mit digitalen Medien sich nicht auf technische Fragen und funktionale Qualifizierung für deren Nutzung beschränken darf, sondern Reflexion und Urteilsbildung zu mit der Digitalisierung verbundenen politischen, ökonomischen und kulturellen Problemen einschließen muss. Ebenso ist es nachvollziehbar, warum es für die Frankfurter Schule der Soziologie zu der Selbstbezeichnung „Kritische Theorie" kam: Sie entstand während des Exils des Frankfurter Instituts für Sozialforschung in den USA während des Nationalsozialismus und „war zunächst als ein möglichst wenig verfängliches Tarnwort für Marxismus gedacht. Das war vor allem in den Vereinigten Staaten wichtig. Diese nahmen zwar in Grenzen jüdische und auch linke Flüchtige auf, ihre Repräsentanten waren aber wenig begeistert, wenn sie sich damit Marxisten einhandelten."[120] Allerdings löste sich die Frankfurter Schule spätestens mit Horkheimers und Adornos *Dialektik der Aufklärung* vom Marxismus (vgl. Kapitel 2), behielt aber die Selbstbezeichnung als Kritische Theorie bei.

Nicht nur in diesem Fall stellt sich jedoch die Frage, wie sinnvoll es sein kann, mit dem Label ‚kritisch' auf Dauer gestellte wissenschaftliche Schulen zu begründen, oder ob es nicht naheliegender wäre, die damit bezeichneten Perspektiven mit Erfolg so in die jeweiligen Wissenschaften einzubringen, dass sie Teil des etablierten Diskurses sind. Wenn dies aber der Fall ist, wenn also beispielsweise Bezüge auf Adorno oder Foucault legitimer Teil des wissenschaftlichen Diskurses in den Sozial- und Erziehungswissenschaften sind, dann ist es tautologisch, unter Berufung auf diese Philosophen von einer ‚kritischen' Wissenschaft in pauschaler Abgrenzung zu anderen, demnach ja als nicht kritisch zu etikettierenden Positionen im jeweiligen Fach zu sprechen.

‚Kritische politische Bildung' als Diskurszusammenhang

Dennoch hat sich in der Didaktik der politischen Bildung in jüngster Zeit eine Strömung herausgebildet, die die Bezeichnung ‚kritische politische Bildung' für sich in Anspruch nimmt. Im Jahr 2010 trat sie mit einem umfangreichen, in sich allerdings recht heterogenen Handbuch[121] programmatisch in Erscheinung und hat sich in der Folgezeit mit einem „Forum kritische politische Bildung" einen kontinuierlichen Diskurszusammenhang geschaffen.

Bereits die Herausgeber sahen angesichts der oben geschilderten Selbstverständlichkeit von Kritik als Prinzip jeder Wissenschaft die Gefahr der Tautologie bei der Selbstzuschreibung als ‚kritisch' und betonen deshalb in ihrer Einleitung die Funktion des Kritikbegriffs in ihrem Ansatz: „wissenschaftstheoretisch als Abgrenzung gegenüber anderen Ansätzen sowie als programmatische Ausrichtung". Die Selbstzuschreibung „soll über einen rein formalen und reduzierten Kritikbegriff hinausreichen."[122]

Diese recht vage Perspektive wird dann von Lösch und Thimmel so konkretisiert: „Kritische Gesellschaftstheorie basiert auf der Analyse von Macht- und Herrschaftsverhältnissen. Sie zielt auf Demokratisierung und den Abbau von Unterdrückung, sozialer Ungleichheit und auf die Überwindung sozialer Ausgrenzung. (...) Eine kritische politische Bildungspraxis will darauf aufbauend ermöglichen, dass die Subjekte die Macht- und Herrschaftsverhältnisse begreifen, in die sie eingebunden sind. Sie sollen Handlungsmöglichkeiten entwickeln können, diese Verhältnisse zu gestalten und zu verändern."[123] Diese kurze Definition enthält in nuce die konzeptuellen Probleme und Risiken, vor denen eine ‚kritische politische Bildung' steht. Zwar kann man „Analyse von Macht- und Herrschaftsverhältnissen" als sozialwissenschaftliches Programm sehen, unterstellt, die Begriffe „Macht" und „Herrschaft" sind hinreichend klar definiert. Deren *wissenschaftliche* Bestimmung ist freilich in den Sozialwissenschaften kontrovers. Die im zweiten Satz des Zitats genannten Ziele sind unzweifelhaft *politischer* Art und als solche spätestens bei der genaueren Klärung der Begriffe und der praktischen Kontroversen nicht erst seit heute, sondern in der ganzen Geschichte der europäischen Moderne ebenfalls kontrovers. Entsprechend kann keineswegs von vornherein Klarheit darüber unterstellt werden, was in diesem Zusammenhang im Kontext der Praxis politischer Bildung „begreifen", „gestalten" und „verändern" heißen soll, wenn doch in den Wissenschaften wie in der gesellschaftlichen Wirklichkeit unterschiedliche und gegensätzliche Vorstellungen dazu bestehen.

Ein Beispiel: In einem Text zur ‚kritischen politischen Bildung' ist, bezogen auf Aufgaben politischer Bildung, zu lesen: „Es gilt aufzuklären, wie die neoliberale Politik der letzten Jahrzehnte zu gesellschaftlicher Polarisierung und Segmentierung geführt hat."[124] Unter der Perspektive der Förderung von Mündigkeit durch politische Bildung müsste es aber wohl eher heißen: Es gilt zu *fragen* und zu *prüfen*, *ob* die als ‚neoliberal' *gekennzeichnete* Politik (...). Erst dann würde sich bei diesem Thema der Raum für selbstständige Urteilsbildung öffnen.

Hinzu kommt eine Unklarheit darüber, wie sich bezogen auf *genuin didaktische Fragen und Probleme* die Praxis einer ‚kritischen politischen Bildung' konkret von der nach anderen aktuellen Konzeptionen der Fachdidaktik geplanten unterscheiden soll. Die Kernfragen einer didaktischen Theorie politischer Bildung sind die nach Zielen und deren theoretischer Modellierung, nach Inhalten und Kriterien zu deren Auswahl, nach Lernsituationen und deren methodischer Strukturierung, nach Medien und deren Nutzungskriterien, nach Lernvoraussetzungen und intendierten Lernentwicklungen der Adressaten sowie nach der Professionsrolle von Lehrenden in der politischen Bildung. In den meisten Publikationen, die sich der ‚kritischen politischen Bildung' zuordnen, findet man dazu kaum etwas. Wenn man aber etwas findet – im Handbuch „Kritische politische Bildung" sind auch Autoren vertreten, die seit geraumer Zeit in Theorie und Praxis des Faches aktiv waren und entsprechende Hinweise geben – unterscheidet sich das, was man findet, nicht systematisch von anderen Ansätzen im Fach.

Diese Ausgangslage hat in der Fachdiskussion der politischen Bildung schnell zu Kontroversen und dem Verdacht geführt, bei der ‚kritischen politischen Bildung' handele es sich im Kern um eine politische, sich im linken Spektrum verortende Gesinnungsgemeinschaft, der es darauf ankomme, politische Bildung für ihre politischen Ziele zu instrumentalisieren.[125] Dieser Verdacht wurde auch durch zeitweilige Angriffe auf den Beutelsbacher Konsens verstärkt, die aus dieser Strömung vorgetragen wurden.[126] Inzwischen hat sich diese Debatte durch Klarstellungen und Erläuterungen aus dem Spektrum der ‚kritischen politischen Bildung' entschärft. So bekennt sich die aus diesem Feld kommende, 2015 veröffentlichte „Frankfurter

Erklärung“[127] zum Prinzip der Kontroversität in der politischen Bildung und formuliert manche in früheren Texten apodiktischer vorgetragene Positionen in Form von Fragen und offener gehaltene Problembeschreibungen.

David Salomon postuliert in diesem Sinne als Grundsätze ‚kritischer politischer Bildung‘ unter anderem, diese sei „keiner bestehenden Ordnung verpflichtet (sei sie politisch oder ökonomisch, rechtlich oder konventionell, theologisch oder wertontologisch gesetzt), sondern allein der *Vernunft*. (...) Kritische politische Bildung fordert von allem und jedem Rechtfertigung ein und nimmt sich selbst nicht aus. (...) Somit ist das alltägliche Geschäft kritischer politischer Bildung weit eher die Infragestellung als die Verkündigung von vermeintlichen Gewissheiten.“[128] Ein entschiedenes Plädoyer für die politische Freiheit formulieren Olaf Jann und Alexander Wohnig: „Die ungehinderte Freiheit, sich auszudrücken, Widerspruch, Differenzen, Unsicherheiten, Missbilligung und abweichende Meinungen auch dann angstfrei formulieren zu können und dabei die Diskursgrenzen selbst zu bestimmen, selbst wenn es der Mehrheitsmeinung widerspricht, klingt zwar nach einer Banalität, bleibt aber auch in einer Demokratie nie wirklich selbstverständlich und muss immer wieder neu erkämpft werden, da das Störpotential von Kritik (nicht zuletzt durch diskursive, moralisierende oder juridische Regelungen) von interessierter Seite gerne begrenzt wird. Die freie Rede ist nicht verhandelbar.“ Daher sollte „ein partizipatorischer Ansatz gesellschaftspolitischer Bildung (...) notwendigerweise auf vorgeprägte paternalistische Wahrheitsgebote, lediglich vorgetäuschte Diversitäten sowie Tabuzonen verzichten (...).“[129] Solche Positionierungen ließen sich problemlos als Beiträge zur fachdidaktischen Diskussion verstehen, ohne des abgrenzenden Labels einer ‚kritischen politischen Bildung‘ zu bedürfen.

Allerdings steht die ‚kritische politische Bildung‘ zunehmend noch vor einem anderen Problem. Waren ihre Vorläufer in den 1970er-Jahren hinsichtlich ihrer gesellschaftstheoretischen Referenzen auf den Neomarxismus und die Kritische Theorie der Frankfurter Schule bezogen, hat sich das Spektrum jetzt erweitert. In der Einleitung des Handbuchs Kritische politische Bildung von 2010 wird bereits zusätzlich unter anderem auf feministische Theorien, Cultural Studies, postkoloniale und antirassistische Ansätze sowie, ohne Namensnennung, auf Foucault verwiesen.[130] In den Folgejahren finden sich in einschlägigen Publikationen immer wieder ähnliche Verweise auf verschiedene Referenztheorien, meist sinngemäß oder wörtlich mit ‚und' verbunden. Aber 2018 ist richtigerweise zu lesen, dass ein solch einfaches ‚und' wohl nicht möglich ist: „Poststrukturalistische und radikaldemokratische Positionen haben das Theorienspektrum erweitert und auch einige Denkweisen der älteren Kritischen Theorie und des Marxismus herausgefordert, etwa hinsichtlich einer notwendigen Selbstkritik, linearer Fortschrittslogik, deterministischer Entwicklungen oder einer Dezentrierung des Subjektbegriffs."[131] Tatsächlich gibt es bereits auf dieser Theorieebene einen fundamentalen Konflikt zwischen, etwas vereinfacht gesagt, modernen und postmodernen Weltverständnissen, der durch Addition beider nicht auflösbar ist (vgl. auch Kapitel 2). Mehr noch: Die postmoderne französische Philosophie der 1970er-Jahre, allen voran Foucault, ist ab den 1980er-Jahren als ‚French Theory' in den USA rezipiert worden und hat sich dort, in oftmals drastisch verkürzter Weise, als Bezugstheorie aktivistischer Bewegungen durchgesetzt. Dieser neue Aktivismus hat inzwischen auch Europa erreicht und mit der ‚Wokeness'-Bewegung Praktiken sowie Denkweisen entwickelt, die einer an Mündigkeit orientieren politischen Bildung diametral entgegenstehen.

Die Herausforderungen durch die ‚Wokeness'-Bewegung

Der Begriff ‚woke' kommt aus den USA und meint erwacht oder wachsam sein, bezogen auf soziale Ungerechtigkeiten. Nicht das Engagement Betroffener oder aus anderen Gründen gegen Ungerechtigkeiten engagierter Menschen ist eine Herausforderung für politische Bildung. Die Herausforderung liegt in der weltanschaulichen Orientierung und den politischen Strategien der Bewegung, die – ursprünglich als Selbstbezeichnung, inzwischen oft als Charakterisierung von außen – als ‚woke' gilt. Verbreitet hat sich dieser Begriff im Zusammenhang mit der Black-Lives-Matter-Bewegung, bezieht sich aber inzwischen nicht mehr allein auf Antirassismus, sondern auf ein breites Spektrum ‚diskriminierungskritischer' Akteure auch in Europa. Diese Akteure und Akteursgruppen verstehen sich, teilweise bezogen auf verschiedene Themenfelder, dezidiert als ‚kritisch'. In Bezug auf das Handlungsfeld politische Bildung gibt es Überschneidungen zur ‚kritischen politischen Bildung'; beides ist jedoch nicht identisch.

Die hier gewählte Bezeichnung ‚Wokeness'-Bewegung für diese Akteure hebt auf deren aktivistische Seite, den Protest gegen alle Arten von wahrgenommener Diskriminierung ab. Es ist eine vorläufige Bezeichnung, weil es an einer theoretisch gehaltvollen und hinreichend präzisen begrifflichen Charakterisierung noch mangelt. Die Lage ist in dieser Hinsicht ähnlich wie die mit Blick auf die Protestbewegungen von Mitte der 1960er- bis Ende der 1970er-Jahre; auch hierfür gibt es bis heute keine einheitliche Bezeichnung. So ist unter anderem die Rede von Studentenbewegung, 68er, Außerparlamentarischer Opposition oder Neuer Linken. Für die ‚Wokeness'-Bewegung sind auch die Bezeichnungen (linke) Identitätspolitik und kulturalistische Linke gängig oder, weitgehend schon überholt, Political Correctness; in den USA werden für sie häufig Wortverbindungen mit ‚Social Justice' (Movement, Warriors, Theories) verwendet. Zu bedenken ist auch, dass es sich nicht um eine von einer gemeinsamen Organisation getragene, einheitliche Bewegung handelt und dass die im Folgenden kritisch analysierten ideologischen Momente zwar teilweise inzwischen weit verbreitet sind, aber gleichwohl bei konkret in dieser Bewegung handelnden oder mit ihr sympathisierenden Menschen und Gruppen sehr unterschiedlich stark ausgeprägt sein können. Auch in dieser Hinsicht ähnelt die ‚Wokeness-Bewegung' der Protestbewegung der 1960er- und 1970er-Jahre.

Es ist ein weiter Weg von den Philosophen der französischen Postmoderne der 1970er-Jahre bis zu den heutigen massiven Konflikten um Rassismus, Gender, LGTBQ, Meinungsfreiheit und ‚Cancel Culture'[132], bei denen von Aktivisten vielfach auf Fragmente aus dem Denken dieser Philosophen zurückgegriffen wird. Die postmoderne Philosophie ging über die ambivalente Haltung der Frankfurter Schule zur Aufklärung und zur Moderne hinaus und verwarf radikal jede Möglichkeit des nicht machtbezogenen Erkennens und Gestaltens der Wirklichkeit mittels der Vernunft. Lyotard verkündete das Ende der ‚großen Erzählungen', die die europäische Kulturgeschichte geprägt hatten, wie der Fortschrittsidee der Aufklärung, des Humanismus oder des Marxismus, und betrachtete die Moderne als gescheitert.[133] Foucault sah, wie oben (Kapitel 2) ausgeführt, die moderne Gesellschaft wie jede andere als von *Machtstrukturen* durchzogen, die aber in der Moderne zentrumslos und anonym über *Diskurse* reguliert wird, in denen Sprache und Wissen selbst schon Formen der Macht sind und zu denen es keine Außenperspektive gibt, von der aus Menschen als Subjekte sie im Sinne eines Abbaus von Macht und Herrschaft verändern könnten, weil jede Veränderung immer nur neue Formen der Macht hervorbringen kann. Die Ideen der Wahrheit und einer universalistischen Moral, also der Gleichwertigkeit aller Menschen, sind im postmodernen Verständnis ebenfalls nur Dispositive der Macht.

Diese Philosophie war zutiefst skeptisch, kulturrelativistisch und in einem radikalen Sinn konstruktivistisch.[134] Viele Arbeiten dieser Philosophen sind anspruchsvoll, oft intellektuell anregend und von einer melancholischen Grundstimmung geprägt. Aber sie entwickeln keine konkrete politische Programmatik, aus der der Aktivismus der ‚Wokeness-Bewegung' (oder anderer politischer Bewegungen) sich schlüssig begründen ließe.

Mit der Rezeption der ‚French Theory' in den USA ab den 1980er-Jahren veränderte sich der Umgang mit diesem Theoriekomplex zunehmend und grundlegend. Es waren zuerst die ‚Critical Race Theory' und die ‚Postcolonial Studies', in denen diese Theorien rezipiert wurden, wohl weil sie zu erklären schienen, warum auch nach der rechtlichen Gleichstellung der schwarzen Bevölkerung in den USA und nach dem Kolonialismus sich kulturelle Formen (‚Diskurse') halten, in denen sich entsprechende Ressentiments perpetuieren und auf diesem Weg zur Aufrechterhaltung von Ungleichheiten beitragen. In beiden Theoriebereichen gab es bereits eine Tradition marxistisch geprägten Denkens; und in beiden ist es bis heute nicht gelungen, die eklatanten Widersprüche zwischen Marxismus und Postmoderne zu überwinden.[135] Von der Critical Race Theory aus ließen sich mit dem Konzept der *Intersektionalität*, das auf die mögliche Überschneidung mehrerer Benachteiligungsformen in einer Person abhebt, Verbindungen zu anderen, in den 1990er-Jahren entstandenen ‚Theories' und ‚Studies' herstellen, vor allem zu den Themenfeldern Feminismus und Gender, Queer und Disability. Immer mehr in den Hintergrund rückten dagegen die ‚klassischen' Themen der politischen Linken wie ökonomische Ungleichheit und die Probleme der Industriearbeiterschaft.

Von Anfang an war diesen Theorien und Studies eine Nähe zum politischen Aktivismus eigen: „Unlike some academic disciplines, critical race theory contains an activist dimension."[136] Darin unterscheidet sich die Critical Race Theory von der Kritischen Theorie der Frankfurter Schule. Konkret stellte sich in den USA im Verhältnis von Critical Race Theory und politischem Aktivismus das Problem, wie Wissenschafts- und Handlungsbezug in Einklang miteinander zu bringen wären. Gerade auch mit Blick auf die ‚French Theory' stand und stehen der ‚woke' Aktivismus sowie ihm nahestehende Wissenschaftler vor der Frage, wie man das „Nichtanwendbare anwenden"[137] können soll. Die Konsequenz ist die Fokussierung auf den Bereich, in dem Foucault die Macht ansiedelte: die ‚Diskurse', also die symbolischen Ordnungen der modernen Gesellschaft, in Sprache, Medien, Bildung, Kultur und Wissenschaft. Hier soll nicht nur analysiert und dekonstruiert werden, hier soll um Hegemonie gekämpft werden. Dabei wendet sich die ‚Wokeness'-Bewegung gegen eine Vielzahl tatsächlicher oder vorgeblicher Diskriminierungen, die die freiheitlichen westlichen Gesellschaften als eine Art Netzwerk aus strukturellen Benachteiligungen erscheinen lassen. Foucaults abstrakte Vorstellung von der anonymen und zentrumslosen Macht wird so in eine in jüngster Zeit immer länger gewordene Liste von ‚Ismen' verwandelt: Rassismus, Antiziganismus, Sexismus, Klassismus, Adultismus, Ageismus, Ableismus, Bodyismus, Lookismus, Linguizismus, Speziesismus und anderes mehr. Damit wird der Begriff der ‚Diskriminierung' immer unschärfer und immer mehr von einem analytischen und empirisch prüfbaren Konzept zu einem Ausdruck subjektiver Empfindungen. Zugleich erscheinen damit die freiheitlichen westlichen Gesellschaften als eine Art Netzwerk aus strukturellen Benachteiligungen; eine Vorstellung, die der Wirklichkeit dieser Gesellschaften weder im historischen noch im globalen Vergleich gerecht wird.

Die angestrebte Hegemonie soll sich in neuen Sprachregelungen (von der ‚Gendersprache' bis zur Ächtung bestimmter Begriffe und Redeweisen, sogar historisch rückwirkend durch entsprechende Veränderungen älterer Bücher), in Umgestaltungen des öffentlichen Raums (Straßennamen, Denkmäler), Ablehnung von ‚kultureller Aneignung', Revisionen von schulischen und universitären Curricula, Verdrängung unbequemer Ansichten, etwa durch Verhinderung von entsprechenden Veranstaltungen, und nicht zuletzt durch eine Personalpolitik, die auf stärkere Repräsentanz von Angehörigen diskriminierter Minderheiten (de facto von Aktivisten, die für diese zu sprechen beanspruchen) in Institutionen und einflussreichen Berufen zielt, realisieren.

„Wollten die französischen postmodernen Sozialphilosophen damals vornehmlich beobachten, waren ihnen Ironie und Sprachspiele eigen, so geht es den Vertretern der Critical Social Justice Theories heute ausdrücklich um die Verbindung von

Theorie und Aktivismus – und dies in rigider, militanter und gänzlich unironischer Weise."[138] Die Folge: „Der angewandte Postmodernismus hat sich verdinglicht – und er ist zu *der* Wahrheit gemäß der Social-Justice-Bewegung geworden."[139] Diese Wahrheit wird, ausweislich zahlreicher publizierter Fallbeispiele[140] und auch eigener Erfahrungen mit dem Agieren von ‚woken' Aktivisten, nicht selten ohne jede Offenheit für gegenteilige Ansichten oder auch nur Bereitschaft zu sachlicher Diskussion vertreten. Was aus der Sicht von Aktivisten vielfach zählt, ist entweder durch Zugehörigkeit zu einer diskriminierten Gruppe und somit als Opfer das Recht zu erwerben, über diese Diskriminierung sprechen zu dürfen, oder aber zumindest auf der ‚richtigen' Seite zu stehen, also, in der ‚woken' Terminologie, ‚Ally' zu sein. Damit bekommt das politische Denken in dieser Bewegung einen manichäischen Zug: Die Welt teilt sich in Richtig und Falsch, Gut und Böse.[141]

Allerdings ist die ‚Wahrheit' des angewandten Postmodernismus alles andere als konsistent. Dies kann hier nicht bezogen auf alle einschlägigen Themenfelder erörtert werden.[142] Im Folgenden soll lediglich beispielhaft auf entsprechende Inkohärenzen der identitätspolitischen *Rassismuskritik* hingewiesen werden. Auch dies kann hier nur mit groben Strichen geschehen, was aber vertretbar erscheint, da entsprechende tiefgehende Analysen und Kritiken an anderer Stelle bereits vorliegen.[143]

Um Missverständnisse zu vermeiden, sei an dieser Stelle unterstrichen, dass Rassismus ohne jeden Zweifel gegen die Menschenwürde verstößt. Überdies ist er in Artikel 3 des deutschen Grundgesetzes explizit geächtet. Rassismus gehört neben politischem Extremismus und Antisemitismus zu den Einstellungssyndromen, die in der politischen Bildung nicht in gleicher Weise wie andere politische Positionen in kontroverse und ergebnisoffene Diskurse eingebracht werden können, sondern bei denen die pädagogischen Intentionen auf Prävention, Problematisierung und soweit möglich auch Überwindung durch neue Bildungserfahrungen zielen (vgl. auch Kapitel 5). Darüber besteht in der Fachkultur der politischen Bildung in Deutschland Konsens. Nicht dass Menschen sich in der ‚Wokeness'-Bewegung gegen Rassismus engagieren wollen, ist problematisch, im Gegenteil; wohl aber das dabei vertretene Verständnis von Rassismus und die oftmals gewählten Vorgehensweisen.

Was traditionell, also schon vor der ‚woken' Rassismuskritik, unter Rassismus verstanden wird, ist gut in einem Lexikonartikel für Jugendliche der DemokratieWEBstatt des österreichischen Parlaments definiert: „*Rassismus* ist die Überzeugung, dass Menschen aufgrund bestimmter (genetisch bedingter) Merkmale, wie zum Beispiel ihrer Hautfarbe, verschiedenen ‚Rassen' zugeteilt werden können. Dabei wird angenommen, dass die Rassen sich nicht nur äußerlich unterscheiden, sondern auch hinsichtlich ihrer Charaktereigenschaften und Intelligenz. Folglich werden manche dieser Rassen als besser oder wertvoller als andere angesehen."[144] Diese Definition nimmt bereits die begründeten Zweifel auf, ob Menschen überhaupt in einem biologischen Sinn nach ‚Rassen' unterschieden werden können, was in der heutigen Biologie mehrheitlich, aber nicht völlig einheitlich bestritten wird.[145] Entscheidend für Rassismus ist aber nicht die Frage, ob ‚Rasse' ein sinnvolles Konzept ist (im Englischen wird das für ‚race' deutlich stärker akzeptiert als heute für ‚Rasse' im Deutschen), sondern ob sich mit diesem Begriff *Abwertungen* von Menschen alleine aufgrund ihrer Zuordnung zu einer als ‚Rasse' definierten Menschengruppe verbinden.

Die gängige Sicht auf Rassismus in der identitätspolitischen Rassismuskritik geht von der Annahme aus, dass es keine Menschenrassen gibt und das Konzept der ‚Rasse' im neuzeitlichen Europa erfunden worden sei, um den Kolonialismus durch die vorgebliche Überlegenheit der weißen Rasse zu legitimieren. Durch den (Sozial-)Darwinismus des 19. Jahrhunderts sei eine (pseudo-)wissenschaftliche Begründung für diesen Rassismus entwickelt worden. Bis hierhin ist diese Sicht durchaus plausibel und eine wissenschaftlich vertretbare Position. Der Historiker Boris Barth stützt sie mit diesen Argumenten: „Mit wenigen

Ausnahmen stimmen die meisten Historiker darin überein, dass bei einer strengen Definition in der europäischen Antike und im Mittelalter kein Rassismus existierte. (...) Das europäische Mittelalter war primär durch Religion geprägt (...). Die prinzipiell universale Ausrichtung der christlichen Kirche verhinderte die Ausbildung rassischer Kriterien."[146] Als *Begriff* taucht Rassismus erstmals in den 1920er-Jahren als kritische Charakterisierung der Rassenideologie der Nationalsozialisten auf.[147]

Mit dieser Sichtweise wäre Rassismus allerdings als *historischer* Begriff zu behandeln. Er hätte einen konkreten Entstehungskontext, mit einem Tiefpunkt im 19. Jahrhundert, der Hochzeit des europäischen Kolonialismus, und einem noch gravierenderen unter veränderten Bedingungen im Nationalsozialismus. Es wäre hiernach zu erwarten, dass der Rassismus mit dem Ende dieses historischen Kontextes an Bedeutung verliert. Tatsächlich ist das auch der Fall; im heutigen Europa ist eine Dominanz rassistischer Vorstellungen im öffentlichen Leben wie zu Zeiten des Kolonialismus und im Nationalsozialismus nirgendwo mehr zu erkennen.

Wie also ist es zu verstehen, wenn die ‚woke' Rassismuskritik behauptet, eine rassistische Struktur der weißen Überlegenheit (‚White Supremacy') präge auch heute die deutsche und die europäischen Gesellschaften (die US-amerikanische wegen der Geschichte dortigen Sklaverei ohnehin), und dies nicht etwa peripher, sondern als machtvolle Struktur in allen gesellschaftlichen Bereichen? Rassismus sei, so ist beispielsweise zu lesen, ein „weißes Dominanzsystem", das nur von Weißen ausgeübt werden könne, denn nur diese besäßen die Macht, „um andere Menschen systematisch auszuschließen. People of Color haben nicht die Macht, Schwarze Menschen vom Bildungs- oder Arbeitsmarkt auszuschließen, weiße Menschen haben sie. People of Color können also nur situativ diskriminieren."[148] Aber dieser Rassismus wende sich nicht nur gegen Menschen mit dunkler Hautfarbe (‚People of Color', wie sie gemäß der ‚woken' Konventionen genannt werden, im Gegensatz zum Begriff ‚Farbige'), sondern ebenso gegen Menschen und Gruppen, die aus anderen, vor allem kulturellen Gründen von der weißen Mehrheit abgewertet würden. Rassismus sei daher allgegenwärtig, „sodass die Imagination von rassismusfreien Räumen nicht möglich ist."[149] Die ideologische Schließung zu einer hermetischen Weltsicht erfolgt über das Konzept der ‚Critical Whiteness': Wenn Weiße diese Weltsicht nicht teilen und sich selbst nicht als rassistisch verstehen, gilt das als Beleg für ihren Rassismus.[150]

Ein wichtiges Element in diesem Gedankengebäude ist die These vom ‚Kulturrassismus'. Sie geht auf Überlegungen von Étienne Balibar aus den 1980er-Jahren zu einem „Neo-Rassismus" zurück. Mit diesem Begriff reagierte er auf eine Erfahrung im Zuge der französischen und britischen Entkolonialisierung Mitte des 20. Jahrhunderts: „Der neue Rassismus ist ein Rassismus der Epoche der ‚Entkolonialisierung', in der sich die Bewegungsrichtung der Bevölkerung zwischen den alten Kolonien und den alten ‚Mutterländern' umkehrt und sich zugleich die Aufspaltung der Menschheit innerhalb eines einzigen politischen Raumes vollzieht."[151] In dieser spezifischen Konstellation, der Einwanderung einer großen Zahl von Menschen aus ehemaligen Kolonien in die ‚Mutterländer', beobachtete Balibar die Überlagerung des alten, biologistisch begründeten Rassismus durch eine kulturalistische Form von Ressentiment und Diskriminierung.

Dies ist eine interessante, aber ebenfalls an eine konkrete historische Situation gebundene Überlegung. Beispielsweise auf Deutschland übertragen, könnten Objekte eines solchen Kulturrassismus mit einhundertjähriger Verspätung allenfalls Nachkommen der recht geringen Zahl an Einwanderern aus deutschen Kolonien in Afrika vor 1918 sein. Aber soweit sich die derzeitige Rassismusdebatte in Deutschland auf Zuwanderer bezieht, geht es um sehr viele spätere Zuwanderungen, die in keiner Beziehung zum früheren deutschen Kolonialismus stehen.

Überdies müsste man, wollte man die These von einem heute die europäischen Gesellschaften massiv und strukturell prägenden Rassismus mit dem Kolonialismus begründen, von der Annahme ausgehen, dass es diesen Rassismus nur in Staaten mit einer Kolonialgeschichte gibt. Es müsste also zu zeigen sein, dass Rassismus beispielsweise in Frankreich, Großbritannien, Deutschland, Portugal oder den Niederlanden zumindest signifikant stärker auftritt als in Österreich, Schweden, Griechenland, Ungarn oder Polen, die keine oder nur äußerst kurzfristige Kolonialmächte waren. Dafür gibt es jedoch keine erkennbaren Hinweise. Die Situation in den USA schließlich müsste völlig gesondert von der in Europa betrachtet werden, weil dort die Sklaverei für die Geschichte des Rassismus wesentlich bedeutsamer ist als die US-amerikanische Kolonialgeschichte.

Von solchen Differenzierungen ist in der ‚Wokeness'-Bewegung allerdings wenig zu sehen. Um die These von der ‚White Supremacy' aufrechtzuerhalten, werden kurzerhand Minderheitengruppen mit kulturellen Unterschieden zur Mehrheit unabhängig von ihrer Hautfarbe zu ‚People of Color' gemacht, so etwa türkischstämmige oder asiatische Einwanderer. Zudem wird mit dem Konstrukt ‚antimuslimischer Rassismus' eine ganze Religion zum (mindestens potenziellen) Rassismusopfer erklärt – allerdings nur genau eine. „Ein in einem bestimmten Kontext belegter Begriff (‚Rassismus' i.S. von ‚Rasse' als durch Geburt erworbene Merkmale) wird in einen anderen Kontext übertragen (Religion) und dort zum Kampfbegriff (‚antimuslimischer Rassismus'). Wäre Kritik am Vatikan dann analog antikatholischer Rassismus? So wird fröhlich mit Zuschreibungen oder Bezügen gearbeitet, die auf Nachfrage häufig nicht mit Evidenz oder innerer Logik begründet werden können."[152] Als tatsächlich während der Terrorherrschaft des ‚Islamischen Staates' in den 2010er-Jahren Christen und Jesiden verfolgt und sogar versklavt wurden, war von einem entsprechenden Rassismusvorwurf wenig zu hören.

In der heutigen ‚Wokeness'-Bewegung gilt jede Form von kultureller Unterscheidung, die mit einer Bewertung verbunden ist, als Rassismus. Die damit verbundene Lösung der These vom ‚Kulturrassismus' aus ihrem historischen Kontext bei Balibar und ihre Verallgemeinerung würde den Rassismus zu einem ubiquitären Phänomen machen – wenn man diese These konsequent zu Ende dächte. Denn dass Menschen den kulturellen Kontext, in dem sie leben, schätzen und dazu neigen, diesen in irgendeiner Weise für ‚besser' zu halten als andere, dürfte historisch und wohl auch in unserer Zeit eher die Regel als die Ausnahme sein.

Aber die identitätspolitische Rassismuskritik denkt diese These nicht zu Ende. Das führt zu bizarren Konsequenzen und Widersprüchen.[153] Nur Weiße können rassistisch sein, People of Color aber nur situativ diskriminieren – so wird eine kritische Bemerkung zur Frage des muslimischen Kopftuchs, sofern sie von Nicht-Muslimen kommt, zum Rassismus, während der genozidale, ethnisch aufgeladene Massenmord von (schwarzen) Hutu an den (schwarzen) Tutsi 1994 in Ruanda kein Ausdruck von Rassismus sein darf[154]. Beim Kolonialismus ist zwar der westeuropäische im Blick, nicht aber der japanische, südafrikanische, russische oder osmanische. ‚Rassen' soll es in einer objektiven Weise nicht geben (wofür gute Gründe sprechen) – aber die Trennung zwischen ‚Weißen' und ‚People of Color' wird scharf markiert, und besonders unter schwarzen Aktivisten wird die Hautfarbe oft als Identitätsmerkmal hervorgehoben.[155] Wenn und indem Weißen aufgrund ihrer Hautfarbe bestimmte, negativ bewertete Eigenschaften und Denkweisen zugeschrieben werden, wird die ‚woke' Rassismuskritik selbst rassistisch.

Ferner hat die identitätspolitische Rassismuskritik einen antiwestlichen Grundzug. Es gehe darum, „europäisch bzw. westlich und *weiß* geprägte Denkweisen, Strukturen und Normvorstellungen" zu hinterfragen.[156] Die Autoren der Critical Race Theory formulieren es deutlicher: „Unlike traditional civic rights discourse, (...) critical race theory questions the very foundation of the liberal order, including equality theory, legal reasoning, Enlightenment rationalism, and neutral principles of constitutional law."[157] Hier wird ein entscheidender Unterschied zum Antirassismus der amerikanischen Bürgerrechtsbewegung im Umfeld von Martin Luther King markiert: Während die Bürgerrechtsbewegung die Einlösung genau dieser Prinzipien für alle forderte, unabhängig von der Hautfarbe, kritisiert die ‚woke' Rassismuskritik diese ‚Colorblindness', behauptet eine eigenständige kollektive Identität der ‚People of Color' und stellt diese Identität über die im Zitat genannten Grundsätze der „liberal order".

Es ist erstaunlich, wie wenig unter Intellektuellen und in der breiten Öffentlichkeit ein solcher Generalangriff auf Grundprinzipien der freiheitlichen europäischen Gesellschaften und der freien Wissenschaft in Europa bislang zur Kenntnis und ernst genommen wurde. Zu den Ausnahmen gehört der französische Philosoph Pascal Bruckner, der den antiwestlichen Charakter der ‚Wokeness'-Bewegung deutlich herausgearbeitet hat und warnt: „Die heute dominierende Ideologie der Pigmente wird uns in eine lange Nacht der Vernunft führen."[158] Tatsächlich gelten in dieser Ideologie die Orientierung an der Vernunft und der moralische Universalismus als „epistemische Gewalt", hinter denen sich „eine ganz bestimmte Position – männlich, weiß, heterosexuell, gebildet – verbirgt".[159]

In Deutschland wurde die ‚Wokeness'-Bewegung erst nach der Jahrhundertwende über kleine universitäre Kreise hinaus wirksam – in einer Zeit, in der die meisten der von ihr beklagten Diskriminierungen in Politik und Gesellschaft längst an Relevanz verloren hatten. Diese Situation erinnert an das Tocquevillesche Paradoxon. Alexis de Tocqueville schrieb 1840 in seinem Buch „Über die Demokratie in Amerika" über seine dortigen Erfahrungen: „Der Hass, den die Menschen gegenüber Privilegien empfinden, wächst im Verhältnis zur Abnahme dieser Privilegien, so dass die demokratischen Leidenschaften am heftigsten zu lodern scheinen, wenn sie am wenigsten Brennmaterial haben." Bei den geschlechterbezogenen Fragen dürfte kaum zu bestreiten sein, dass zu keinem Zeitpunkt in der Moderne in Deutschland die rechtliche und faktische Gleichberechtigung von Männern und Frauen[160] sowie die rechtliche Stellung und faktische gesellschaftliche Akzeptanz von sexuellen Minderheiten so gut war wie heute. Die identitätspolitische Skandalisierung verbleibender tatsächlicher oder vorgeblicher Benachteiligungen in diesem Feld steht dazu in einem deutlichen, manchmal auch schrillen Gegensatz. Man kann sich das leicht verdeutlichen, wenn man sich beispielsweise die rechtliche wie tatsächliche Situation zur Gleichberechtigung der Geschlechter in der Frühzeit der Bundesrepublik Deutschland oder die noch bis 1994 bestehende Strafbarkeit homosexueller Handlungen von Männern vor Augen führt.

Beim Problemfeld Rassismus stellt sich die Lage zwar differenzierter dar, weil dessen Virulenz auch in Beziehungen zu unterschiedlichen Einwanderungswellen zu verschiedenen Zeiten zu analysieren wäre und weil es in diesem Zusammenhang Verbindungen zum politischen Rechtsextremismus und zu gewaltbereiten Akteuren gibt, was seit den 1990er-Jahren zu zahlreichen rassistisch motivierten Gewalttaten geführt hat. Gleichwohl gibt es auch hier eine drastische Differenz zwischen dem von ‚rassismuskritischen' Akteuren behaupteten und mit starkem moralischen Impetus skandalisierten Ausmaß von Rassismus und dessen tatsächlicher gesellschaftlicher und politischer Relevanz.[161] Aladin El-Mafaalani, der sich um eine vermittelnde Position im Streit um die identitätspolitische Rassismuskritik bemüht, erkennt diese Diskrepanz unumwunden an und variiert dabei das Tocquevillesche Paradoxon zu einem „Diskriminierungsparadoxon". Rassismus habe heute „den größten Teil seiner Wirkmächtigkeit verloren", er sei „heute nicht mehr das dominante Ordnungsprinzip der Gesellschaft und der Welt."[162] Dennoch nehme die *Wahrnehmung* von Rassismus zu:

„Eine zunehmend offene Gesellschaft ermöglicht benachteiligten Gruppen in immer stärkeren Maße Teilhabe; dadurch gibt es auch immer mehr privilegierte Personen aus ehemals benachteiligten Gruppen; diese Privilegierten haben hohe

Erwartungen an Anerkennung, Teilhabe und Zugehörigkeit (...). Mehr PoC [People of Color, W.S.] und Menschen mit internationaler Geschichte als je zuvor berichten von Diskriminierung, weil es immer mehr Teilhabe und auch immer weniger Diskriminierung gibt."[163]

Es sei nochmals betont, dass Kritik an noch bestehenden Formen von Rassismus berechtigt ist – jedenfalls dann, wenn dabei der Rassismusbegriff nicht überdehnt wird. Wenn Menschen sich in diesem Kontext engagieren wollen, ist dies aus Sicht der politischen Bildung keine Herausforderung, sondern begrüßenswert. Es ist auch eine erfreuliche Entwicklung, dass es in jüngster Zeit immer mehr ‚Bildungsaufsteiger' aus Einwandererfamilien gibt und wenn diese sich vernehmbar an öffentlichen Diskursen beteiligen. Zu einem Risiko für die Demokratie wird es aber, wenn sich im Kontext der ‚Wokeness'-Bewegung eine neue illiberale Ideologie verbreitet, die in provokativen und konfrontativen Formen von Aktivismus praxiswirksam werden soll und damit zu massiven gesellschaftlichen Polarisierungen führen kann. Denn dass mit zunehmender Verbreitung des ‚woken' Denkens und Handels auch der Widerstand dagegen wachsen wird, ist zu erwarten. Die entsprechende Entwicklung in den USA sollte in dieser Hinsicht ein warnendes Beispiel sein. Dort zog die „linke Identitätspolitik (...) eine *politische Korrektheit* nach sich, deren Ablehnung zu einer wichtigen Mobilisierungsquelle für die Rechte geworden ist", was 2016 wesentlich zum Wahlsieg Trumps beitrug.[164]

Wie kann und wie sollte die politische Bildung mit der ‚Wokeness'-Bewegung umgehen? Sie einfach nur als möglichen Gegenstand des Unterrichts zu betrachten, wäre zwar nicht falsch und ist auch notwendig, greift aber zu kurz. Die ‚Wokeness'-Bewegung steht in einem starken Gegensatz zu dem oben bereits zitierten, für das Selbstverständnis der politischen Bildung wichtigen Satz von Jann und Wohnig: „Die freie Rede ist nicht verhandelbar." Sie steht mit ihrer dogmatischen Wahrheitsgewissheit und der oftmals anzutreffenden

Neigung, abweichende Meinungen moralisch zu diskreditieren und mit Vorhaltungen wie Rassismus, Sexismus, Homophobie oder Transfeindlichkeit zum Schweigen bringen zu wollen, auch in einem Gegensatz zum Kontroversitätsprinzip des Beutelsbacher Konsens. Zumindest ist das dann der Fall, wenn diese Ideologie zu einer Ziele, Inhalte und Methoden eines Lernangebotes normierenden Grundlage politischer Bildung wird. ‚Antirassismustrainings' und ‚Critical-Whiteness-Kurse' sind als Angebote politischer Bildung unvertretbar, wenn sie die Logik der identitätspolitischen Rassismuskritik folgen und auf die Übernahme dieses Denkens durch die Teilnehmer zielen. Dessen ungeachtet ist es selbstverständlich möglich, die gesellschaftlichen Problemlagen, auf die die ‚Wokeness'-Bewegung zielt, auch zu inhaltlichen Gegenständen politischer Bildung zu machen – aber auf reflexive, multiperspektivische und kontroverse Weise.

Politische Bildung darf sich also mit der ‚Wokeness'-Bewegung nicht identifizieren oder sich für deren Ziele instrumentalisieren lassen. Entsprechende Bestrebungen sind durchaus zu erkennen, in der außerschulischen Bildung aufgrund der offeneren Strukturen vielleicht noch stärker als in der schulischen. Im Unterricht und in anderen Angeboten politischer Bildung sind die Lehrenden gefordert, als Wächter über Diskursivität zu fungieren und Angriffe auf sie entschieden zurückzuweisen. Dies betrifft auch Sprach- und Denkverbote sowie Versuche, identitätspolitisch geforderte Sprech- und Schreibweisen durchzusetzen. Vor allem aber kommt es, besonders in der Arbeit mit Jugendlichen, darauf an, allen Tendenzen zur Viktimisierung oder Selbst-Viktimisierung Angehöriger von Minderheiten durch deren Ermutigung zum selbstständigen Denken und Handeln entgegenzutreten. Aufgabe politischer Bildung kann es nicht sein, an der Konstruktion immer neuer Opfergruppen und deren Konkurrenz mitzuwirken, sondern eher eine Sichtweise der Ermutigung zu fördern, wie sie der schwarze US-amerikanische Ökonom Glenn Loury zum Ausdruck gebracht hat:

„Wenn jemand die Geschichte des Rassismus als Schuldige verstehen will für das Versagen der modernen schwarzen Gesellschaft in den USA, dann soll er das meinetwegen tun. Ich selber aber bestehe darauf, dass wir Afroamerikaner trotz allem freie Akteure sind, die unser Leben nach unseren Vorstellungen gestalten können, und nicht nur das Produkt unserer historischen Benachteiligung. Diese war real und ist ein Hindernis, aber sie ist nicht unser Schicksal. Unser Schicksal ist nicht bestimmt von der Tatsache, dass unsere Vorfahren versklavt wurden. Unser Schicksal ist in unseren Händen."[165]

Auf dem Weg zur Post-Kritik?

Im Jahr 2017 veröffentlichten Naomi Hodgson, Joris Vlieghe und Piotr Zamojski, drei Wissenschaftler aus dem Bereich der Bildungsphilosophie aus Großbritannien, Belgien und Polen, ein knappes Papier im Umfang von sechs Seiten mit dem Titel „Manifesto for a Post-Critical Pedagogy". Zwischenzeitlich ins Spanische und Türkische übersetzt, liegt der Text nun auch in deutscher Übersetzung mit dem Titel „Manifest für eine Post-Kritische Pädagogik" vor.[166] Der Text ist (jedenfalls im Original) elegant, stringent, aber auch sehr dicht und voraussetzungsvoll geschrieben (was die Arbeit der Übersetzer nicht leicht gemacht hat, wie diese in einem eigenen Kommentar erläutern). Dieses Manifest hat großes Interesse auf sich gezogen und Diskussionen ausgelöst, die teilweise auch schon zusammen mit dem Manifest veröffentlicht wurden.

Die Autoren kommen erkennbar aus der ‚kritischen' Erziehungswissenschaft, kennen deren poststrukturalistische, postmoderne und identitätspolitische Denktraditionen sehr gut und markieren präzise deren Schwächen. Dabei geht es geht ihnen keineswegs um einen Abschied von kritischem Denken, nicht um eine anti-kritische Position. Es scheint ihnen eher an einer ‚Aufhebung' der ‚kritischen' Erziehungswissenschaft (und man darf wohl hinzufügen, deren verwandter Strömungen in anderen pädagogischen Disziplinen wie den Fachdidaktiken) im Hegelschen Sinn gelegen zu sein, die die positiven Aspekte bewahrt, die Mängel und Schwächen aber in einer Weiterentwicklung überwindet.

Das Manifest besteht aus der Begründung und Erläuterung von fünf Grundsätzen. In ihrer kürzesten Form stehen sie auf dem Cover der englischsprachigen Publikation[167] so:

„1. There are principles to defend.
2. Pedagocical hermeneutics.
3. From critical to post-critical pedagogy.
4. From cruel optimism to hope in the present.
5. From education for citizenship to love for the world."

Der erste Grundsatz „ist einfach der, *dass es Grundsätze zu verteidigen gibt.*" Er markiert „eine Verschiebung von einer *prozeduralen Normativität zur einer prinzipientreuen Normativität*".[168] Vielleicht ließe sich der oben aus der ‚kritischen politischen Bildung' zitierte Satz „Die freie Rede ist nicht verhandelbar" als ein solcher Grundsatz verstehen, vielleicht wäre aber auch zu prüfen, ob hinter ihm nicht noch ein allgemeinerer, erst noch zu formulierender Grundsatz steht.

Der zweite Grundsatz des Manifests will einen Weg aus theoretischen und handlungspraktischen Fallstricken des Poststrukturalismus respektive des Postmodernismus weisen. Richtigerweise weisen die Autoren darauf hin, dass in der der postmodernen Logik der Differenz wir über den Anderen nicht wirklich zureichendes Wissen bekommen können, dass eine entsprechende Bemühung als Form von ‚Gewalt' gesehen werden kann (die durch ‚political correctness' verhindert werden soll) und dass deshalb strenggenommen „die Möglichkeit zu handeln und zu sprechen ausgeschlossen" ist. Aber, so das Manifest: „Die Einsicht, dass wir den Anderen nie vollständig verstehen können – als Einzelperson oder Kultur – sollte nicht zur Folge haben, dass wir nicht mehr sprechen können."[169] Konsequenz ist die Verteidigung der pädagogischen Hermeneutik: „Wir sollten nicht auf der Basis einer apriorischen Annahme über die (Un)Möglichkeit eines wirklichen wechselseitigen Respekts sprechen und handeln, sondern stattdessen zeigen, dass es trotz vieler Differenzen, welche uns voneinander trennen, einen Raum der Gemeinsamkeit gibt, der sich ausschließlich aus der

Erfahrung ergibt".[170] Pädagogische Hermeneutik sucht also im pädagogischen Handeln nach dem individuelle und kulturelle Differenzen übergreifenden Gemeinsamen, ohne das Bildung angesichts des Zusammenlebens in einer gemeinsamen Welt nicht möglich ist.[171]

Der dritte Grundsatz besteht in einer „Verschiebung *von der kritischen Pädagogik zur post-kritischen Pädagogik.*"[172] Die Autoren halten es für notwendig, sich konzeptuell nicht länger allein auf inhärente Kritik gesellschaftlicher Institutionen oder utopische Kritik, die „zu einem ewigen Aufschub des gewünschten Wandels führt", zu fokussieren – „wir sehen die Aufgabe einer post-kritischen Pädagogik nicht darin, zu entlarven, sondern zu schützen und zu sorgen". Es gehe darum, „den entwerteten Aspekten unserer Lebensweise philosophische Aufmerksamkeit zu schenken" und einen Denkraum zu eröffnen, „der es ermöglicht, dass Praxis von Neuem geschieht." Diese Praxen der Bildung sind als „Selbstzweck (autotelisch) zu verteidigen, nicht funktionalisiert, sondern einfach weil sie es wert sind, geachtet zu werden."

Dies führt die Autoren zum vierten und fünften Grundsatz: „Bildung basiert in einem sehr praktischen Sinn auf Hoffnung."[173] Die Rolle der Lehrenden wird verstanden „als eine Initiation der neuen Generation in eine gemeinsame Welt". Damit „eröffnen wir die Idee einer post-kritischen Pädagogik, die die Liebe zur Welt einfordert. Dies ist keine Akzeptanz der Dinge, wie sie sind, sondern eine Bejahung der Wertigkeit dessen, was wir in der Gegenwart tun und der Dinge, von denen wir annehmen, dass sie es wert sind, weitergegeben zu werden. Jedoch nicht so, wie sie sind: Die pädagogische Hoffnung richtet sich an die Möglichkeit der Erneuerung unserer gemeinsamen Welt. Wenn wir die Welt, unsere Welt, wirklich lieben, müssen wir gewillt sein, die Welt in die Hände der nächsten Generation zu geben, mit der Annahme, dass sie – die Neuankömmlinge – die Welt nach ihren eigenen Bedingungen fortführen."[174]

Der fünfte Grundsatz „from education for citizenship to love for the world" wendet sich nicht gegen politische Bildung, sondern gegen das „für“: „In gegenwärtigen Formulierungen ist die Sorge für die Welt eingerahmt in Begriffe einer Bildung *für* die Bürgerschaft, Bildung *für* soziale Gerechtigkeit, Bildung *für* Nachhaltigkeit etc. hinsichtlich einer bestimmten Vorstellung globaler Bürgerschaft und einer unternehmerischen Form eines interkulturellen Dialogs. Obwohl möglicherweise gestützt von einer progressiven, kritischen Pädagogik, ist die Sorge solcher Ansätze für die Verantwortlichkeit für die Welt letztendlich außerhalb der Pädagogik. So traditionell oder konservativ es vielleicht klingen mag, wünschen wir uns, die Bildung um der Bildung willen zu verteidigen (...)“.[175]

Ob die Selbstbezeichnung „post-kritisch“ gut gewählt ist, mag offenbleiben. Den Autoren geht es offenkundig darum, den Gegensatz von ‚kritisch' und ‚affirmativ‘ zu überwinden und wieder Anschluss zu finden an ältere europäische Traditionen des Bildungsdenkens. Auch wenn in diesem Manifest vieles nur sehr knapp angetippt wird, stellt es die richtigen Fragen und gibt wichtige Anstöße für eine notwendige Diskussion darüber, wie die pädagogischen Disziplinen, die politische Bildung eingeschlossen, aus Fronten herausfinden können, die sich seit der Mitte des letzten Jahrhunderts entwickelt hatten.

Das Manifest wurde vor dem Ukrainekrieg geschrieben, aber es hat durch diesen nochmals an Relevanz gewonnen. Angesichts einer Lage, in der Menschen bereit sind, für Grundsätze zu kämpfen und zu sterben und die Zukunft Europas durch neo-imperiale Bestrebungen von ganz anderer Seite bedroht ist, als die übergroße Mehrheit westlicher Intellektueller erwartet hätte, wirken postmoderne Attitüden auch im pädagogischen Denken wie aus der Zeit gefallen.

Ebenfalls noch vor dem Ukrainekrieg schrieb Pascal Bruckner am Ende seines Buches zur Kritik der ‚Wokeness-Bewegung‘: „Wir haben allen Grund Europa, einer der größten Zivilisationen der Geschichte, zu verteidigen.“[176] Das war kulturell, nicht militärisch gemeint, und es wirft die Frage auf, um welche Grundsätze es auch in der politischen Bildung dabei gehen kann.

4. Kulturelle Identität: politische Bildung zwischen Vielfalt und Zugehörigkeit

Mit den Begriffen politische Mündigkeit, Menschenwürde, Subjekt und Person sowie politische Freiheit wurden oben (vgl. Kapitel 2) die normativen Grundorientierungen umrissen, auf denen politische Bildung im hier vertretenen Verständnis basieren sollte.[177] Alle diese Begriffe sind in einem *universalistischen* Sinn zu verstehen; das mit ihnen Gemeinte soll also nicht bestimmten Menschengruppen vorbehalten sein, sondern allen Menschen gleichermaßen zugedacht werden.

Allerdings wird genau damit eine *Position* bezogen, die kulturell und historisch *situiert* ist. Es handelt sich um Begriffe und mit ihnen verbundene Konzepte, die ihren Ursprung in der europäischen Kultur haben und von dort aus in andere Teile der Welt, die heute als ‚westlich' bezeichnet werden, ausgewandert sind – zuerst durchaus im Wortsinn, über Auswanderungsbewegungen aus Europa in die Amerikas. Nur scheinbar paradox werden mit dieser Situierung diese stark auf das Individuum bezogenen Begriffe und Konzepte zugleich Elemente eines verbindenden kulturellen Zusammenhangs, oder mit einem heute weit verbreiteten Begriff: zu Elementen einer kollektiven Identität. Dies wirft für die Aufgabenbestimmung politischer Bildung komplexe Fragen auf, denen in den folgenden Abschnitten nachgegangen werden soll.

Die Ambivalenz kollektiver Identitäten

‚Identität' ist ein höchst ambivalentes Konzept. Auf der einen Seite ist es in den heutigen Wissenschaften alternativlos, wenn es darum geht, das Selbstverständnis eines Menschen, das sich über die wechselhaften Episoden seines Lebens hinweg entwickelt hat, oder das über gemeinsame Interessen hinausgehend Verbindende kleinerer oder größerer Gruppen von Menschen zu benennen und zu beschreiben. Auf der anderen Seite besteht immer die Gefahr, mit diesem Konzept Lebensläufe über Gebühr zu glätten oder aus dem Blick zu verlieren, dass menschliche Gruppen trotz ihrer jeweiligen Gemeinsamkeiten immer Gruppen von Verschiedenen sind. Der Mensch geht nicht in seiner Identität auf. Er ist nicht einmal für sich selbst völlig durchschaubar, wie der lateinischen Kirchenlehrer der Spätantike, Aurelius Augustinus, treffend formulierte: „Der Mensch ist sich selbst ein gewaltiger Abgrund.“[178]

Als Begriff ist Identität relativ jung. Er entstand im 19. Jahrhundert im Kontext philosophischer Debatten[179] und fand erst in der zweiten Hälfte des 20. Jahrhunderts in den Sozialwissenschaften und der Psychologie weite Verbreitung. Maßgeblichen Anteil daran hatte eine 1950 erstmals erschienene Studie von Erik H. Erikson zu „Kindheit und Gesellschaft“, in der die Ausbildung von „Ich-Identität“ als einer von mehreren Aspekten der gelungenen Bewältigung von acht Phasen der psychosozialen Entwicklung beschrieben wurde.[180] Der Identitätsbegriff bezog sich hier allein auf die Persönlichkeit von Individuen.

Es gehört zu dieser Vorstellung von Identität, dass diese in Auseinandersetzung der Individuen mit Regeln und Erwartungen aus der gesellschaftlichen Umwelt entsteht. Dass Identität nicht einfach Ausdruck eines von Geburt an gegebenen und unveränderlichen Wesens eines Menschen ist, sondern sich prozesshaft und unter Umständen auch in Konflikten und Brüchen entwickelt, gilt heute in den Wissenschaften als weithin akzeptierte Sichtweise.[181]

In diesem Prozess der individuellen Identitätsentwicklung spielen auch die Zugehörigkeiten der Individuen zu unterschiedlichen sozialen Zusammenhängen eine wesentliche Rolle. Es ist offensichtlich, dass soziale Gruppen und Organisationen je eigene Gemeinschaftsformen entwickeln und Identitätsangebote offerieren, sei es nun eine Familie oder eine jugendliche Peer-Group, ein Verein oder eine kulturelle Initiative, eine Religionsgemeinschaft oder eine berufliche Profession, eine Stadt oder ein Unternehmen, eine politische Partei oder ein Interessenverband, eine Nation oder eine transnationale NGO. Es sind divergierende Formen und Ebenen *kollektiver Identität.* Mit diesem Begriff wird zum Ausdruck gebracht, dass die Zugehörigkeit zu einem bestimmten Kollektiv für das Selbstverständnis der ihm angehörenden Menschen *bedeutsam* ist. „Eine Identität zu haben kann Ihnen ein Gefühl davon vermitteln, wie Sie in die soziale Welt hineinpassen. Das heißt, jede Identität bietet Ihnen die Möglichkeit, als ‚ich' unter mehreren ‚wir' zu sprechen und damit zu einem ‚wir' zu gehören."[182] Nicht jede Form von Gemeinsamkeit unter Menschen muss in diesem Sinn zum Anlass einer kollektiven Identitätsbildung werden. Beispielsweise ist dies bei den Mitreisenden in einem Flugzeug weniger der Fall als bei Fans eines Fußballvereins, bei Brillenträgern weniger als bei Veganern, bei der Augenfarbe weniger als bei der Sprache. Überdies unterliegt die Auswahl von als identitätsstiftend angesehenen Gemeinsamkeiten in der menschlichen Geschichte starken Wandlungen.

Zum ‚wir' einer kollektiven Identität gehört immer auch die Unterscheidung vom ‚ihr', von den anderen also, die die bestimmenden Merkmale der jeweiligen Identität nicht teilen – sei es weil sie es nicht können, weil sie es nicht wollen oder weil sie es nicht dürfen. Für politische Ordnungen sind diese Unterscheidungen unvermeidlich, gerade auch wenn sie demokratisch sein sollen: „Ohne eine definitive Vorstellung von Zugehörigkeit und Nicht-Zugehörigkeit können weder Partizipation umfassend begründet noch Solidarität formell institutionalisiert werden".[183]

Solche Formen des *Othering* sind unvermeidbar. Problematisch ist dies nur in dem Maße, in dem mit dieser Unterscheidung von ‚wir' und ‚ihr' *Abwertungen* von als ‚anders' kategorisierten Menschen verbunden sind. Dies muss aber nicht zwingend der Fall sein. Zwar sind Vorurteile gegenüber anderen, unbekannten Menschen und als anders bestimmten Gruppen unausweichlich, weil damit Orientierung ermöglicht und Übersichtlichkeit in der sozialen Welt erzeugt wird. Vorurteile können mit negativen, aber auch mit positiven Bewertungen verbunden sein. Entscheidend für ein gelingendes Zusammenleben ist, ob sie als *vorläufige* Urteile fungieren, die für Veränderung durch neue Erfahrungen offen sind, oder zu dauerhaften Ressentiments werden, die sich gegen solche Erfahrungen gerade abschotten.

Kollektive Identitäten können auf sehr verschiedenen Ebenen und in unterschiedlichen Dimensionen angesiedelt sein.[184] Sie können konkreter oder abstrakter sein, einander ergänzen, sich überschneiden oder wechselseitig ausschließen. Sie können überdies für die Einzelnen von sehr unterschiedlichem Gewicht sein; manche mögen für das eigene Leben als eher peripher bedeutsam erlebt werden, andere ins Zentrum des eigenen Selbstverständnisses rücken. Sie können ziemlich kurzlebig sein, wenn sie Menschen verbinden, die sich mit einem modischen Trend identifizieren oder bei Heranwachsenden einen gewissermaßen experimentellen Charakter annehmen; sie können aber auch jahrhunderte- oder jahrtausendealte Kontinuitäten aufweisen. All dies wiederum kann zu verschiedenen Zeiten und an verschiedenen Orten sehr unterschiedlich sein.

Der amerikanische Philosoph Michael Walzer hat am Beispiel seines eigenen Lebens die Vielfalt möglicher Facetten von Identität als Chance für ein friedliches Zusammenleben beschrieben: „Wenn ich mich sicher fühlen kann, werde ich eine komplexere Identität erwerben. (...) Ich werde mich mit mehr als einer Gruppe identifizieren; ich werde Amerikaner, Jude, Ostküstenbewohner, Intellektueller und Professor sein. Man stelle sich eine ähnliche Vervielfältigung der Identitäten überall auf der Welt vor, und die Erde beginnt, wie ein weniger gefährlicher Ort auszusehen. Wenn sich die Identitäten vervielfältigen, teilen sich die Leidenschaften."[185] Walzer spricht hier indirekt aber auch eine Gefahr von kollektiven Identitäten an: Sie sind zumindest potenziell mit Leidenschaften verbunden, und diese Leidenschaften lassen sich politisch mobilisieren und instrumentalisieren.

Diese Gefahr besteht besonders dann, wenn Abwertungen anderer mit *Essenzialisierungen* im Verständnis von Identität verbunden sind. Dies geschieht, wenn eine solche Identität auf einen unveränderbaren Wesenskern zurückgeführt wird, der alle Menschen, die diesem Kollektiv angehören, angeblich prägt. Identitätspolitische Strategien arbeiten oft mit solchen Unterstellungen. Ein geschichtsmächtiges Beispiel ist der Nationalismus, mit dem häufig Angehörigen der eigenen Nation per se bestimmte (positiv konnotierte) Eigenschaften und denen anderer, rivalisierender Nationen per se andere (negativ konnotierte) zugeschrieben wurden. Ein anderes Beispiel ist, wenn, wie oben dargestellt, identitätspolitische Aktivisten Weißen aufgrund ihrer Hautfarbe und Herkunft Rassismus und ‚People of Color' ebenfalls aufgrund von Hautfarbe und Herkunft einen Opferstatus unterstellen (vgl. Kapitel 3). Wenn Identitätszuschreibungen die Entwicklungsoffenheit der Individuen unterbinden oder das Fragmentarische und Unvollkommene der menschlichen Existenz ignorieren und durch illusionäre Einheitsversprechen beseitigen wollen, gibt es allen Anlass zu Ideologieverdacht.

Kollektive Identitäten ergeben sich nicht aus einem unveränderbaren Wesenskern menschlicher Gruppen, sondern sind soziale Konstrukte und als solche kulturelle Phänomene. Sie entstehen aus geteilten Erfahrungen und deren Deutung, aus Erinnerungen, Erzählungen und gemeinsamen Praktiken, die sich bei größeren Gruppen und/oder auf längere Zeit gestellten Zusammengehörigkeiten auch mittels sozialer Institutionen stabilisieren und tradieren können. Politisch gefährlich können kollektive Identitäten werden, wenn ihr Konstruktionscharakter völlig verdrängt wird, sie verabsolutiert werden, mit ihnen moralisch und emotional aufgeladene Aus- und Abgrenzungen von anderen Gruppen verbunden sind und sie dann eine Dominanz im Weltverstehen von Menschen gewinnen.[186]

Auf der anderen Seite impliziert der Konstruktionscharakter von kollektiven Identitäten nicht, dass sie jederzeit und beliebig frei wählbar oder umdefinierbar wären. Die Verbreitung postmoderner Vorstellungen in den letzten Jahrzehnten hat wohl wesentlich dazu beigetragen, den Stellenwert kultureller Kontinuitäten zu unterschätzen. Oberflächlich betrachtet, hat sich unsere Erfahrungswelt in der Moderne so verändert, dass sie mit dem Leben vor 200 oder mehr Jahren kaum mehr etwas gemein zu haben scheint. Aber noch immer lesen wir Platon und Aristoteles, können innere Dialoge mit Paulus oder Augustinus führen, diskutieren Grundfragen des Politischen mit Locke, Hobbes oder Rousseau. Unsere Physik sei, so der Astrophysiker Harald Lesch, „nichts anderes als griechische Naturphilosophie mit viel mehr Geld."[187] Wir wissen so gut wie die Bibliothekare im antiken Alexandria, was ein Buch ist, auch wenn sich dessen äußere Form verändert hat, kennen Universitäten mit vielhundertjähriger Geschichte, denken neuerdings über Studiengänge für ‚liberal arts' nach[188] (die der Grundidee nach an die antiken und mittelalterlichen ‚artes liberales' anknüpfen) und erkennen in unseren Schulen noch immer Ideen von Comenius wieder. Unsere Theater gehen auf griechische Vorbilder zurück (noch immer wird *Antigone* gespielt), und Kirchen prägen die europäischen Stadt- und Dorfarchitekturen.

Diese wenigen Beispiele zu weit zurückreichenden Elementen von – in diesem Fall europäischer – Bildung und Kultur verweisen auf einen Hauptgrund dafür, dass trotz aller Dynamiken den großen Kulturen auch ein Beharrungsvermögen inhärent ist: „Kulturen haben für Menschen die Funktion, befristete Bleiben zu schaffen und so die Welt bewohnbar zu machen. Sie beheimaten Menschen und bieten einen Rahmen, in dem individuelle Identitäten ausgebildet werden können."[189] So haben Prozesse der Globalisierung in den letzten Jahrzehnten zwar zur Verdichtung weltgesellschaftlicher Verflechtungen, keineswegs aber zu einer globalen Einheitskultur geführt. Es gehört zu den paradoxen Effekten des modernen Tourismus, dass Menschen aus Europa nach Reisen in andere Teile der Welt häufig von Alteritätserfahrungen berichten, durch die sie sich ihrer eigenen europäischen Identität erst bewusstwerden.

Kulturelle Vielfalt in der Weltgesellschaft

Nach dem Zusammenbruch der Sowjetunion und des Ostblocks schien es für einen historischen Moment, als ob sich nun das westliche liberale Modell von Wirtschaft, Gesellschaft und Politik weltweit durchsetzen würde. Francis Fukuyama verkündete (allerdings zuerst bereits in einem schon kurz vor der Öffnung der Berliner Mauer in der Zeitschrift *The National Interest* publizierten Aufsatz) das „Ende der Geschichte" in genau diesem Sinn, dass mit dem globalen Sieg des westlichen Modells nunmehr eine endgültige und optimale Form des Regierens erreicht sei. Zwar geschehe diese Durchsetzung zeitverzögert, aber: „Die Menschheit wird wie ein langer Zug von Wagen erscheinen, die über eine Straße verteilt sind"[190] – eine Straße, die zum gleichen Ziel führe.

Von dieser Vorstellung ist im Lichte jüngerer Erfahrungen und neuer theoretischer Ansätze nicht mehr viel geblieben. Ebenfalls bereits in den 1990er-Jahren zeichnete Samuel Huntington ein ganz anderes Panorama der Weltlage. Er sieht die heutige (und, soweit absehbar, auch die künftige) Menschheit in sieben bis acht prägende Kulturkreise geteilt: neben dem Westen den sinischen (chinesisch-konfuzianisch geprägten), den japanischen, den hinduistischen, den islamischen, den orthodoxen, sowie, mit gewissen Vorbehalten, den lateinamerikanischen und den afrikanischen. Diese „Kulturkreise sind das umfassendste ‚Wir', in dem wir uns kulturell zu Hause fühlen, gegenüber allen anderen ‚Sie' da draußen."[191] Staaten würden nach Huntington bevorzugt mit anderen aus dem gleichen Kulturkreis kooperieren, während die Kulturkreise miteinander konkurrierten. Deshalb erwartet schon der Titel des Buches einen „Kampf der Kulturen" (im Original *Clash of Civilizations*) als prägendes Merkmal globaler Politik, wobei es vor allem an den Rändern der Kulturkreise zu „Bruchlinienkonflikten" kommen werde. Als Konsequenz rät Huntington dem Westen und voran den USA, ihre eigene kulturelle Identität zu stärken, zu erneuern und zu verteidigen sowie zu akzeptieren, dass diese keinen weltweiten

Geltungsanspruch erheben kann. Aus Konflikten in anderen Kulturräumen gelte es sich herauszuhalten.

Huntington vertritt einen Kulturrelativismus konservativer Prägung und ist sich darin erstaunlich einig mit heute in Teilen der politischen Linken, etwa im Postkolonialismus, dominierenden kulturrelativistischen Ansätzen (vgl. auch Kapitel 3). Die Moderne, hierin stimmt er mit Fukuyama überein, ist für ihn eine Art Alleinstellungsmerkmal des Westens, jedenfalls wenn sie nicht nur technisch oder ökonomisch, sondern auch politisch und kulturell verstanden wird. Sein Ansatz ist intensiv diskutiert und vielfach kritisiert worden, wobei ihm vor allem ein zu wenig dynamisches Verständnis von Kultur und von Identität vorgehalten wurde, so etwa von Amartya Sen.[192] Allerdings trifft der oft zu hörende Vorhalt des Essenzialismus gegen Huntington nicht zu. Huntington betrachtet Kulturkreise weder als unveränderlich noch als unvergänglich, aber doch als „sehr langlebig; sie entwickeln sich weiter, passen sich an und sind daher der dauerhafteste aller menschlichen Zusammenschlüsse.“[193] Versteht man angesichts der vielfältigen Verflechtungen in Folge von Globalisierungsprozesse den Gesamtzusammenhang der Menschen als Weltgesellschaft[194], dann bilden die großen Kulturkreise die erste Ebene von Differenzierung und Vielfalt innerhalb dieser Weltgesellschaft.

Zu Huntingtons Verdiensten gehört es, den sich vielfach als stark säkular geprägt verstehenden Gesellschaften des Westens die bleibende konstitutive Bedeutung der großen Religionen für menschliche Kulturen und damit auch für die globale Politik vor Augen geführt zu haben. In manchem differenzierter als Huntington, aber gleichwohl ebenfalls mit Blick auf die weiterhin kulturprägende und politisch relevante Rolle der Religion, hat der israelische Soziologie Shmuel N. Eisenstadt prägende gesellschaftliche Strukturen in der Moderne analysiert. Die Moderne sei zwar in Europa entstanden. Aber: „Anstatt auf die Europäische Moderne als auf das einzig gültige Modell zu schauen (...), muss die historische Erfahrung Europas zwar als das erste, aber auch als ein sehr spezifisches Muster der Moderne angesehen werden, das keine allgemeine Gültigkeit beanspruchen kann“[195]. Die heutige globale gesellschaftliche Wirklichkeit sei vielmehr durch „multiple modernities“, oder mit einer sprachlichen Hilfskonstruktion auf Deutsch, durch „Vielfalt in der Moderne“[196] geprägt. Eisenstadt erkennt also einerseits die von Europa ausgegangene Modernisierung als eine globale Entwicklungstendenz an, betont aber andererseits die differenzierenden Effekte der Kulturkreise und der sie prägenden Religionen. Anders gesagt: Nach Eisenstadt kann sich beispielsweise der islamische Kulturkreis sehr wohl modernisieren, ohne sich dabei zu verwestlichen. Er könnte einfach, um das Bild von Fukuyama aufzugreifen, eine andere Straße nehmen. Stärker als Huntington wiederum betont Eisenstadt dynamische Entwicklungsprozesse innerhalb von Kulturkreisen wie auch wechselseitige Beeinflussungen zwischen ihnen.

Diese Dynamiken zeigt auch der World Values Survey.[197] Dieses Langzeitprojekt untersucht weltweit Werthaltungen in Gesellschaften und bildet die Ergebnisse entlang der Skalen „Traditional values versus Secular-rational values“ und „Survival values versus Self-expression values“ in einer Grafik ab, der „Inglehart-Welzel Cultural Map“. Da die entsprechenden Daten in regelmäßigen Abständen erhoben werden, lassen sich entsprechende Veränderungen und Verschiebungen innerhalb und zwischen den untersuchten Gesellschaften zeigen. Sehr anschaulich zeigt dies ein animiertes Video zur Entwicklung der entsprechenden Karte von 1981 bis 2015.[198] Aber auch hier ist sofort zu sehen, dass die heutige Menschheit sich in kultureller Hinsicht nach regional zuordenbaren Großgruppen unterscheidet, für deren jeweilige Gemeinsamkeit religiöse Traditionen von hoher Relevanz sind.

Ist es angesichts dieser Vielfalt überhaupt vorstellbar, in der Weltgesellschaft einen Konsens über grundlegende normative Orientierungen zu gewinnen, der nicht einfach als Export westlicher Vorstellungen zu denken wäre? Dringlich stellt sich diese

Frage beispielsweise bei den Menschenrechten[199], aber auch beim Verständnis von Bildung als einer fundamentalen Leitidee für Lehren und Lernen in den Institutionen der Bildungssysteme[200]. Hilfreich hierfür können Überlegungen von John Rawls zu Möglichkeiten und Bedingungen eines basalen Konsenses in modernen Gesellschaften sein. Rawls stellt zunächst fest, dass in modernen Gesellschaften die „Bürger durch konträre und sogar einander ausschließende religiöse, philosophische und moralische Lehren einschneidend voneinander getrennt sind"[201]. Auch wenn, was Rawls impliziert, diese „umfassenden Lehren" jeweils in sich „mit der uneingeschränkten Rationalität menschlicher Personen zu vereinbaren" sind, muss die Pluralität dieser Lehren „als das normale Ergebnis des praktischen Vernunftgebrauchs" betrachtet werden.[202]

Rawls geht davon aus, dass es sich bei den Lehren, von denen aus ein übergreifender Konsens getragen werden kann, um *vernünftige*, also etwa Argumenten zugängliche und für Diskurse offene, Lehren handelt. Ohne Zweifel ist das bei den Religionen, die wir heute zu den großen Weltreligionen zählen und die die Kulturkreise prägen, grundsätzlich der Fall: Alle haben vernunftgemäße Formen der Interpretation heiliger Texte sowie komplexe Formen intellektueller Selbstreflexion entwickelt, so beispielsweise das Christentum in Gestalt der akademischen Theologien. Allerdings trifft dies durchaus nicht für *jede* Form umfassender Lehren zu, nicht für jede religiöse und auch nicht für jede sich nicht als religiös verstehende. Das weite Feld der Esoterik etwa bietet hierfür reichhaltiges Anschauungsmaterial.

Es kann also nach Rawls nicht davon ausgegangen werden, dass der freie Gebrauch der Vernunft irgendwann einmal zu einem einheitlichen Verständnis von Mensch und Welt führen wird. Gleichwohl und gerade wegen der unvermeidlichen Vielfalt solcher Lehren bedarf es für ein gedeihliches Zusammenleben eines basalen Konsenses. Dieser besteht nach Rawls aus einem „Verfassungskonsens", bei dem es lediglich um bestimmte Grundsätze und Regeln geht und der nicht sehr tief reicht. Auf der Ebene der Weltgesellschaft, auf der es ja keine formelle Verfassung gibt, ließen sich als Elemente eines solchen Verfassungskonsenses insbesondere die UN-Charta und die Allgemeine Erklärung der Menschenrechte denken. Tiefer reicht ein „übergreifender Konsens" (im Original *overlapping consensus*), beispielweise über das Verständnis und die Anwendung bestimmter Normen und Regeln. Er wird zwar niemals vollständig erreichbar sein, verringert aber den Spielraum, innerhalb dessen sich umfassende Lehren voneinander unterscheiden.

Entscheidend für die Akzeptanz eines solchen basalen Konsens ist es nun nach Rawls, dass die Gesellschaftsmitglieder, die verschiedenen umfassenden Lehren anhängen, ihm „jeweils von ihrem eigenen Standpunkt aus" zustimmen können.[203] Bezieht man diesen Gedanken auf die Weltgesellschaft, führt er zu der Notwendigkeit, dass ein übergreifender Konsens auf globaler Ebene von den unterschiedlichen Perspektiven aus, die die großen Kulturkreise prägen und voneinander unterscheiden, zustimmungsfähig sein muss.

Charles Taylor weist mit Recht darauf hin, dass ein solcher Weg der Verständigung in der Weltgesellschaft erfordert, „dass wir einander besser in unserer Differenz verstehen lernen", dass wir also andere Kulturen *als andere* erkennen und anerkennen. Aber, so Taylor: „Ein Hindernis auf dem Weg zu diesem wechselseitigen Verständnis resultiert aus der Unfähigkeit vieler westlicher Menschen, ihre Kultur als eine unter vielen zu begreifen."[204] Deshalb ist gerade das reflexive Bewusstsein für das *kulturell Eigene* eine wesentliche Bedingung für Verständigung in einer kulturell vielfältigen Westgesellschaft: „Nur wenn wir im Westen wieder zu einer angemesseneren Auffassung von unserer eigenen Geschichte gelangen, können wir lernen, die in unserer eigenen Geschichte eingeflochtenen spirituellen Vorstellungen besser zu verstehen, und somit dazu bereit zu sein, die spirituellen Wege anderer hin zu dem gemeinsamen Ziel wohlwollend zu verstehen."[205]

Dies führt nun zu einer im Fachdiskurs der politischen Bildung noch wenig präsenten Frage: Worin kann das *europäisch Eigene* in der kulturell vielfältigen Weltgesellschaft unserer Zeit bestehen und was bedeutet das für Ziele und Aufgaben politischer Bildung?

Europäische Identität: Problemfeld und Zukunftsaufgabe

In den im vorigen Abschnitt angesprochenen Kulturkreistheorien bleibt etwas verschwommen, wie das Verhältnis von ‚Westen' und ‚Europa' zu verstehen ist. Eisenstadt spricht von Europa, Huntington und Taylor sprechen vom Westen. Die begriffliche Unklarheit ist in der Sache selbst begründet: Sie berührt die Fragen der kulturellen Grenzen Europas einerseits mit Blick auf die von europäischen Auswanderern gegründeten Staaten in Nordamerika und Australien und auf dem eurasischen Kontinent nach Osten andererseits. Eine klare, aber unbefriedigende Lösung schlägt Huntington vor: Er zählt zum Westen die vom westlichen (lateinischen) Christentum geprägten Länder West- und Mitteleuropas sowie die USA, Kanada und Australien. Nach Osten verläuft aus seiner Sicht die Grenze dort, wo das orthodoxe Christentum und der Islam beginnen, praktisch also durch Weißrussland, die Ukraine und den Balkan hindurch. Die Schwäche dieser Sicht ist einerseits, dass sie mögliche innerwestliche kulturelle Differenzierungen zwischen Europa, Nordamerika und Kanada beiseitelässt, und andererseits, dass nach ihr die vom orthodoxen Christentum geprägten Länder Griechenland, Rumänien, Bulgarien und Zypern nicht Mitglieder der zum Westen zählenden Europäischen Union hätten werden können – was sie allerdings bis auf Griechenland auch noch nicht waren, als Huntingtons Buch erschien.

Politisch-praktisch stellt sich das Problem der gemeinsamen Identität weit weniger für den ganzen Westen, als vielmehr für Europa, und hier konkret für die europäische Integrationspolitik und deren Zukunft. Europa ist zwar nicht einfach mit der Europäischen Union gleichzusetzen. Die europäische Kultur ist wesentlich älter als die EU und auch nicht an ihre Grenzen gebunden, wie allein schon das Beispiel Großbritanniens zeigt. Gleichwohl gilt in politischer Hinsicht und in unserer Zeit: „Europa ist mehr als die EU, aber ohne die EU ist es heute nichts."[206]

Nach dem Scheitern eines Verfassungsentwurfs 2005, der Aufnahme der neuen Mitglieder aus Mittel- und Osteuropa und immer stärker zutage getretenen Spannungen zwischen West und Ost in der EU infolge der Flüchtlingskrise ab 2015, nach dem Brexit 2020, nach der Coronakrise mit Anleihen in Höhe von 750 Milliarden Euro und Rückzahlungsverpflichtungen bis 2058, schließlich in Folge des Ukrainekriegs, der damit verbundenen Konfrontation mit Russland und drängenden Beitrittswünschen weiterer Staaten im Südosten, darunter auch der Ukraine selbst, steht die EU wohl drängender denn ja vor der Frage nach ihrem Selbstverständnis. Welche Sichtweise von der Einheit Europas repräsentiert sie, an welchen Vorstellungen von gesellschaftlichem Zusammenleben und politischer Ordnung will sie sich mittel- und langfristig orientieren und in welchen Traditionen der europäischen Geistesgeschichte wurzeln diese Vorstellungen? Damit stellt sich die Frage nach der *europäischen Identität*.

Die EU hat in ihrer bisherigen Geschichte dieser Frage eher wenig Aufmerksamkeit gewidmet.[207] Dies ist schon deshalb erstaunlich, weil das Nachdenken über ein politisch geeintes Europa nicht erst nach dem Zweiten Weltkrieg begann, sondern sich bis in die frühe Neuzeit zurückverfolgen lässt.[208] Während des Kalten Krieges und der Teilung Europas mag für die damals rein westliche EU und ihre Vorläuferorganisationen die Abgrenzung gegen den kommunistischen Osten und das gemeinsame Selbstverständnis als Demokratien in Verbindung mit den Vorteilen der ökonomischen Integration identitätsstiftend genug gewesen sein. Aber in der wahrscheinlich mehr als doppelt so großen zukünftigen EU bringen deren östliche Mitglieder aus den letzten 70 Jahren andere historische Erfahrungen mit als die westlichen, und große Teile, ja vielfach

Mehrheiten dieser Bevölkerungen wünschen sich nicht einfach eine Verwestlichung im Sinne der kulturellen Angleichung an Wertvorstellungen und Lebensstile im westlichen Europa.[209] Es dürfte äußerst zweifelhaft sein, dass in der größer gewordenen EU der Wunsch nach Schutz vor Russland (für den auf längere Zeit noch die NATO wichtiger sein dürfte als die EU), pragmatische Erwägungen wie Reisefreiheit und ökonomische Vorteile als Legitimationsgrundlage für die weitgehende Aufgabe nationaler Souveränität ausreichen werden. Die europäische Integrationspolitik wird deshalb ohne eine überzeugende kulturelle Antwort auf die Frage, was die Europäer verbindet, also ohne eine nicht triviale Vorstellung von europäischer Identität, auf Dauer nicht erfolgreich sein können.

Woher aber kann eine solche Idee Europas kommen und worauf kann sie sich stützen? Inzwischen gibt es in Öffentlichkeit und Wissenschaft eine neue Diskussion über diese Frage. Sie kann hier nicht im Einzelnen referiert werden.[210] Lediglich zwei besonders populäre und auch in der Politik immer wieder hervorgehobene, gleichwohl aber konzeptuell äußerst schwache Antworten sollen hier kurz angesprochen werden[211]: der Bezug auf Vielfalt und der auf ‚europäische Werte'.

Die Europäische Union gab sich 2000 das Motto „In Vielfalt geeint". Vielfalt als zentrales Identitätsmerkmal zu betonen, scheint der EU ein modernes Image zu geben, in einer Zeit, in der ‚Diversität' zu einem weit verbreiteten Begriff geworden ist, der mit scheinbarer Evidenz normativ positiv besetzt ist. Aber tatsächlich der Begriff Vielfalt (wie Diversität) normativ leer, solange nicht angegeben wird, worauf genau er sich bezieht. Vielfalt ist ein Merkmal menschlicher Gesellschaften, und dies nicht erst in der Moderne. Hannah Arendt hat überzeugend argumentiert, dass es Politik überhaupt nur wegen dieser Vielfalt gibt: „Politik beruht auf der Tatsache der Pluralität der Menschen." Sie „handelt von dem Zusammen- und Miteinander-Sein der *Verschiedenen*."[212] Wenn dies aber seit jeher *Ausgangsbedingung* jeder Politik ist, kann Vielfalt nicht zugleich normativer

Kern der europäischen Identität sein. Vielfalt gibt es, um Beispiele zu nennen, in Indien und den USA, in Ghana und Südafrika, in Brasilien oder Israel, in der Türkei oder den Vereinigten Arabischen Emiraten, und selbst der russische Präsident könnte darauf verweisen, dass in der Russischen Föderation 185 ethnische Gruppen mit 1350 Zeitungen und Zeitschriften in über 50 Minderheitensprachen existieren.[213] Vielfalt als solches sagt wenig, es kommt darauf an, welche Arten von Vielfalt ermöglicht, erwünscht, eingeschränkt oder unterbunden werden. Dies ist dann – oft kontroverser und konfliktreicher – Gegenstand von Politik. Unbegrenzte Vielfalt gibt es jedoch nirgendwo. Für europäische Identität wäre deshalb die Frage wichtiger, wodurch Europa *geeint* ist.

Können ‚europäische Werte' die Antwort auf diese Frage sein? Der Vertrag von Lissabon, die derzeitige vertragliche Grundlage der Europäischen Union, listet sie in Artikel 2 sogar auf:

> „Die Werte, auf die sich die Union gründet, sind die Achtung der Menschenwürde, Freiheit, Demokratie, Gleichheit, Rechtsstaatlichkeit und die Wahrung der Menschenrechte einschließlich der Rechte der Personen, die Minderheiten angehören. Diese Werte sind allen Mitgliedsstaaten in einer Gesellschaft gemeinsam, die sich durch Pluralismus, Nichtdiskriminierung, Toleranz, Gerechtigkeit, Solidarität und die Gleichheit von Frauen und Männern auszeichnet."[214]

Richard Schröder bemerkt dazu treffend: „Alles, was hier aufgezählt wird, ist irgendwie erhebend und wünschenswert, ansonsten aber ein Sammelsurium."[215] Offenkundig handelt es sich um Begriffe unterschiedlicher Reichweite und mit verschiedenen Handlungsbezügen: Verhaltenserwartungen an die Bürger (z.B. Toleranz, Solidarität) stehen neben Prinzipien staatlicher Ordnung (Demokratie, Rechtsstaatlichkeit), Hinweisen auf geltende Rechte (Menschenrechte, Minderheitenrechte), einem gesellschaftstheoretischen Fachbegriff (Pluralismus) und Wertbezügen, die ohne nähere Bestimmung unbrauchbar sind. So gibt es keine Gesellschaften ohne jede Diskriminierung, z.B. aufgrund von Rechtsverstößen oder von Leistung; ‚Nichtdiskriminierung' macht also nur Sinn in Bezug auf ausgewählte konkrete Formen von Benachteiligung. ‚Gleichheit' kommt gleich doppelt vor, einmal in allgemeiner Form und einmal in Bezug auf Männer und Frauen, wobei in beiden Fällen unklar bleibt, welche Art von Gleichheit gemeint ist (Rechtsgleichheit, Chancengleichheit, soziale Gleichheit, moralische Gleichwertigkeit?). „Man kann hier gut sehen, wie der Wertbegriff verwirren kann."[216]

Aus sozialwissenschaftlicher Sicht lassen sich Werte verstehen als „die allgemeinsten Grundprinzipien der Handlungsorientierung und der Ausführungen bestimmter Handlungen", als „Vorstellungen vom Wünschenswerten".[217] Sie geben „an, was als erstrebenswert, richtig und sittlich gut angesehen wird."[218] In diesem allgemeinen und formalen Sinn eignet sich der Wertebegriff gut für Untersuchungen zu der Frage, was Menschen wichtig ist, in verschiedenen gesellschaftlichen Schichten und Milieus beispielsweise, über längere Zeiträume hinweg oder in kulturvergleichender Perspektive. Er lässt sich recht gut vom Begriff der Normen abgrenzen, die in der Regel im Unterschied zu Werten unmittelbar mit Sanktionen verbunden sind.

Schwierig wird es hingegen, wenn Werte genauer bestimmt, hierarchisiert und in einem präskriptiven Sinn verstanden werden sollen: „Es gibt eine unüberschaubare Anzahl von Versuchen ‚Werte' zu definieren, zu katalogisieren oder zu klassifizieren. Es scheint jedoch unmöglich zu sein, sich auf eine einheitliche Bestimmung dessen, was Werte sind, zu einigen."[219] Eine einschlägige Internet-Enzyklopädie kommt auf eine – sicher noch unvollständige – Liste von 132 Werten.[220]

Werte sind abstrakte Begriffe, die fast immer in Form eines Substantivs ausgedrückt werden. Sie stehen jeweils in breiteren Kontexten von menschlichen Selbst- und Weltverständnissen, aus denen heraus sie erst ihre (ggf. unterschiedliche) Bedeutung und Überzeugungskraft gewinnen (vgl. auch Kapitel 2). Schon deshalb führen Versuche, die kollektive Identität von Gesellschaften oder Staaten mittels einer Liste von Werten zu bestimmen, zu inkohärenten Aufzählungen oder zu Formelkompromissen. Der oben zitierte Artikel aus dem Lissaboner Vertrag ist ein Beispiel dafür.

Es fällt auf, dass beide Ansätze, die Orientierung an Vielfalt und an Werten, dezidiert ahistorisch angelegt sind.[221] Aber kollektive Identitäten, zumal für eine Großregion wie Europa mit einer jahrtausendealten Geschichte, lassen sich ohne historische Bezüge nicht entwickeln. „Denn niemand von uns erschafft die Welt, in der wir leben, ganz neu. Wir alle gelangen zu unseren Werten und inneren Verpflichtungen nur im Dialog mit der Vergangenheit. Aber ein Dialog ist kein Determinismus."[222] Mit dem wichtigen Stichwort „Dialog" verweist Appiah hier darauf, dass kollektive Identitäten nicht als starre Gebilde, sondern als dynamisch und wandelbar verstanden werden sollten – neue Generationen wachsen zwar in sie hinein, führen aber zugleich ihre je eigenen Dialoge mit der Vergangenheit. Gleichwohl bedarf auch europäische Identität der Verankerung in geteilten Erinnerungen und Traditionen.

Es ist bemerkenswert, dass kürzlich eine Gruppe von (überwiegend) Philosophen ein Plädoyer für eine neue Aufklärung als Projekt der Geisteswissenschaften vorgelegt hat und in diesem Zusammenhang für eine Rehabilitierung der Idee der ‚großen Erzählung' wirbt:

„Der postmoderne Diskurs im letzten Viertel des 20. Jahrhunderts hat dazu geführt, dass die Geisteswissenschaften die Idee der großen Erzählungen aufgegeben haben. Im Namen der verschiedenen Dimensionen der Vielfalt, wie wir es heute nennen würden, begannen die Geisteswissenschaften, vor groß angelegten Versuchen zurückzuschrecken, soziale Systeme zu verstehen oder gar zu gestalten, indem sie positive Narrative beisteuern. Postmoderne Denker blieben in kritischen Positionen stecken und hatten somit wenig zu bieten, um dem rasanten Aufstieg des Ökonomismus entgegenzuwirken und ein ökologisch nachhaltiges und gerechtes Entwicklungsmodell voranzutreiben. Die Ablehnung großer Erzählungen als ‚metaphysisch' vermag den menschlichen Wunsch nach einem sinnvollen Leben freilich nicht zu zerstreuen. (...) Inzwischen ist klar geworden, dass es verfrüht war, das

‚Ende der Geschichte' und das Ende der großen Erzählungen zu verkünden. (...) Die menschliche Entscheidungsfindung wird immer von Narrativen beeinflusst. Menschen projizieren sich selbst in die Zukunft, und das ist ein ganz wesentlicher Bestandteil der Struktur menschlichen Handelns. Auf diese Weise produzieren Menschen individuelle und kollektive Narrative, durch die sie ihre historisch und gesellschaftlich bedingten Perspektiven explizit und kommunizierbar machen."[223]

Tatsächlich hat bereits die Rede von ‚Europa' einen narrativen Zug.[224] Europa ist seit jeher nicht einfach ein Begriff für eine klar abgrenzbare geographische Einheit, denn das ist Europa nicht. „Europa wurde nur deswegen zu einem geographischen Begriff, weil es vorher zu einem historischen Begriff geworden war."[225] Europa ist ein geistiges Konstrukt, ein Begriff für einen kulturellen Zusammenhang, der sich durch diese Bezeichnung von anderen kulturellen Zusammenhängen unterscheidet – und dies nicht erst seit Huntington und Eisenstadt. Als Selbstbezeichnung taucht der Begriff Europa zuerst in der Zeit Karls des Großen auf (dessen Reich in seiner territorialen Ausdehnung bemerkenswerterweise weitgehend identisch war mit den sechs Gründerstaaten der Europäischen Gemeinschaften in den 1950er-Jahren). Schon in dieser Zeit spielten, nach Jahrhunderten des kulturellen und ökonomischen Niedergangs in Folge des Untergangs des weströmischen Reiches, für die karolingische Renaissance zwei Bezüge eine zentrale Rolle: die Stützung auf die Tradition der christlichen Kirche und ihre Klöster sowie der Rückbezug auf die Antike, der sich in der Umschrift des Siegels Karls in der programmatischen Formel „Renovatio Imperii Romani" (Erneuerung des Römischen Reiches) niederschlug. Hagen Schulze schreibt zur historischen Bedeutung diese Bezüge um das Jahr 800: „Europa wäre in eine unzusammenhängende Vielfalt primitiv verfaßter Stämme auseinandergefallen, wäre da nicht die einigende Kraft der Kirche gewesen, und die fortdauernde Erinnerung an Rom."[226] Ohne die karolingische Erneuerung und ihrer Wirkungen könnten wir vermutlich heute überhaupt nicht von Europa sprechen.

Die Bezüge auf das Christentum und die römisch-griechische Antike waren freilich nicht nur für die Reformen Karls des Großen relevant, sondern ziehen sich als Referenzen für das Selbstverständnis Europas – und damit, in heutigen Begriffen, für europäische Identität – durch die ganze europäische Geschichte. Der hohe Stellenwert des Christentums für diese Geschichte ist recht offensichtlich[227], und für die anhaltende Bedeutung des griechischen und römischen Erbes sprechen nicht nur die späteren Renaissancen in der frühen Neuzeit und im Neuhumanismus des 19. Jahrhunderts, sondern auch die bleibende Relevanz der von der griechischen Philosophie aufgeworfenen Fragen sowie des römischen Verständnisses von Recht und Republik. Die Besonderheit der europäischen Kultur ergibt sich aus der Verflechtung dieser Traditionslinien. Versteht man die Rede von Europa als ‚große Erzählung', kann sie diese Bezüge nicht ignorieren, ohne borniert zu werden.

Allerdings führte die Verflechtung dieser Traditionslinien keineswegs zu einem homogenen oder gar hermetisch abgeschlossenen Weltverstehen, sieht man von religiösen und nichtreligiösen Fundamentalismen einmal ab. Diese Traditionen stehen auch in Spannungsverhältnissen zueinander, haben sich manchmal in bestimmten Denkweisen miteinander verbunden (z.B. in der Scholastik, in der katholischen Aufklärung und man darf wohl auch sagen, bei Kant), manchmal zu harten Konflikten geführt (z.B. in der Reformation und der französischen Aufklärung). Morin spricht gar von einem „Strudel" als Kennzeichen der europäischen Kultur und von den „Antagonismen zwischen dem jüdischen, dem christlichen, dem griechischen und dem römischen Prinzip"[228], aus denen sie hervorgegangen sei – im Sinn einer Kultur der dynamischen „Dialogik" zwischen Gegensätzen. Überdies hat es immer Austauschbeziehungen und wechselseitige Beeinflussungen mit anderen Kulturen gegeben, auch unabhängig von den rund 500 Jahren europäischer Kolonialgeschichte[229] und den neueren kulturellen Aspekten der Globalisierung. Schon aus diesen Gründen wäre der Bezug auf die europäische Identität, den die Europäische Union für ihre künftige Entwicklung braucht, keineswegs als essenzialistisch und schon gar nicht als eine mit Denkverboten umzäunte identitäre Festung zu verstehen.

Politische Bildung in den Identitätskonflikten unserer Zeit

Der Bezug auf kollektive Identitäten und Identitätskonflikte ist für politische Bildung in zweierlei Hinsicht von Bedeutung: zum einen als inhaltliche Gegenstandsfelder und zum anderen mit Blick auf die eigenen normativen Grundlagen als Fach und deren Begründung.

Grundsätzlich können beide in diesem Kapitel angesprochene Politikfelder, Globalisierung/Weltgesellschaft/Menschenrechte sowie europäische Integrationspolitik/Europäische Union, als in der politischen Bildung etablierte Gegenstandsfelder gelten. Anknüpfungspunkte für die globalen kulturellen Aspekte bietet beispielsweise der von der Kultusministerkonferenz und dem Bundesministerium für wirtschaftliche Zusammenarbeit und Entwicklung beauftragte *Orientierungsrahmen globale Entwicklung*. Der Orientierungsrahmen bezieht sich auf das ganze Fächerspektrum der Schule und benennt insgesamt 21 Themenbereiche. Von diesen berühren drei explizit die Probleme kultureller Vielfalt auf globaler Ebene: „Vielfalt der Werte, Kulturen und Lebensverhältnisse: Diversität und Inklusion", „Globalisierung religiöser und ethischer Leitbilder" sowie, unter etwas anderem Fokus, „Politische Herrschaft, Demokratie u. Menschenrechte (Good Governance)".[230] Allerdings greifen die Beispielthemen für das Fach Politische Bildung hiervon nur den Aspekt Menschenrechte auf.[231]

In Bezug auf die Europäische Union nennt der Beschluss der Kultusministerkonferenz zur *Europabildung in der Schule* von 2020 als ein „Ziel pädagogischer Arbeit an den Schulen (...), bei Kindern und Jugendlichen (...) das Bewusstsein einer europäischen Identität als Ergänzung zu den lokalen, regionalen und nationalen Identitäten zu ermöglichen." Für die „Fächergruppe der Politischen Bildung“ wird gesagt, es gehe in ihr u.a. „um die Auseinandersetzung mit einer europäischen Identität.“[232]

Bei beiden Themenfeldern bedürfte es genauerer Untersuchungen (etwa von Lehrplänen und Schulbüchern), um präzisere Aussagen über die Praxiswirksamkeit dieser Vorgabe treffen zu können. Zur Europäischen Union ergab sich bei einer Durchsicht der in einem Bundesland (Hessen) zugelassenen Schulbücher für politische Bildung, dass zwar die EU vielfach behandelt wird, aber lediglich in einem Buch ein knapper Abschnitt zu Frage der europäischen Identität zu finden war. Auch bei der Bundeszentrale für politische Bildung werden (Stand Frühjahr 2023) zahlreiche Unterrichtsmaterialien zur EU angeboten, aber (abgesehen von einigen wissenschaftlichen Fachaufsätzen) keine explizit zum Thema europäische Identität. Es spricht viel für die Vermutung, dass dies kein Zufallsbefund ist – die EU ist in der politischen Bildung präsent, die Frage nach der europäischen Identität scheint es nicht oder nur am Rande zu sein.

Es scheint daher beträchtlichen inhaltlichen Nachholbedarf zu geben, was die Thematisierung kollektiver Identitätsfragen und insbesondere der Frage, wie europäische Identität verstanden werden kann, anbelangt. Dabei versteht es sich vom heutigen Selbstverständnis politischer Bildung her, dass diese Fragen ebenso wie alle anderen kontroversen Themen im Unterricht multiperspektivisch und mit dem Ziel der selbständigen politischen Urteilsbildung und damit der normativen Orientierung an politischer Mündigkeit der Individuen zu behandeln sind (vgl. Kapitel 2). Allerdings ist damit das Dilemma nicht aufgelöst, dass – wie zu Beginn dieses Kapitels bereits gesagt – genau die Orientierung an Mündigkeit, an politischer Freiheit und am Individuum als Subjekt und Person, die diesem Selbstverständnis politischer Bildung zugrunde liegt, selbst eine kulturelle Position ist, genauer gesagt: eine *europäische*, von Universalismus und Hochschätzung des Individuums geprägte kulturelle Position, die aus einer globalen Perspektive betrachtet keineswegs selbstverständlich ist.

Der amerikanisch-britische Politikwissenschaftler Larry Siedentop hat in seiner Ideengeschichte des westlichen Liberalismus mit dem bezeichnenden Titel „Die Erfindung des Individuums" genau nachgezeichnet, dass und wie diese Position ihre Grundlegung in der „moralischen Revolution" hat, die das frühe Christentum in der antiken Umwelt bewirkte.[233] Es war vor allem die Theologie von Paulus, wie sie in seinen Briefen im Neuen Testament zum Ausdruck kommt, mit der ein neues Bild vom Menschen gezeichnet wurde, das in einem starken Gegensatz zur antiken Umwelt stand. Die antike Polis war hierarchisch, patriarchalisch und kollektivistisch organisiert, die Idee individueller Rechte gegen den Staat gab es nicht. In der griechischen Philosophie wurde zwar die Vernunft als Mittel zum Verstehen der natürlichen und der sozialen Ordnung verstanden, aber diese Philosophie war eine rein aristokratische Angelegenheit, was der Vorstellung einer natürlichen Hierarchie entsprach, da auch die Vernunft als unter den Menschen ungleich verteilt galt.

Mit Paulus brach das Christentum mit zentralen Grundhaltungen, die die antike Welt prägten. Der antiken Überzeugung, dass jeder Mensch unverrückbar den Anforderungen (wir würden heute sagen: Rollenerwartungen und kollektiven Identitäten) unterworfen ist, die sich aus seinem Platz in einer nicht veränderbaren sozialen Ordnung ergaben, setzte der christliche Glaube die Möglichkeit eines inneren Neubeginns entgegen. Dieser Glaube führt zur Suche nach einem tieferen Selbst, jenseits der Zwänge und Machtverhältnisse der sozialen Umwelt. Diese Botschaft ist strikt universalistisch, sie richtet sich an alle Menschen unabhängig von Herkunft und sozialen Status und impliziert deren moralische Gleichheit. Deshalb konnte Paulus über die christlichen Gemeinden sagen: „Hier ist nicht Jude noch Grieche, hier ist nicht Sklave noch Freier, hier ist nicht Mann noch Frau; denn ihr seid alle einer in Christus Jesus." (Gal 3, 28) Siedentop fasst wie wichtigsten Aspekte dieser moralischen Revolution durch das frühe Christentum so zusammen:

„Jetzt erschöpft sich die Identität von Individuen nicht mehr in den sozialen Rollen, die ihnen zufällig obliegen. Eine Lücke klafft zwischen den Individuen und den Rollen, die sie einnehmen. Die Lücke ist das Zeichen einer neuen Freiheit, der Gewissensfreiheit. Allerdings bringt sie moralische Verpflichtungen mit sich. (...) Was bedeutete es, sich dem Christus zu unterwerfen? Christlich betrachtet, verlangte es menschliche Beziehungen, in denen die *caritas* alle anderen Beweggründe überlagerte. (...) ,Ihr aber (...) seid zur Freiheit berufen. (...) ,durch die Liebe diene einer dem andern. Denn das ganze Gesetz ist in einem Wort erfüllt: Liebe deinen Nächsten wie dich selbst!' (Gal 5, 13–14) Diese Prämissen versprachen, für eine Transparenz und Freiheit zu sorgen, die es zuvor in menschlichen Beziehungen nicht gegeben hatte."[234]

Die neue Freiheit fordert zur selbstständigen Prüfung der Konsequenzen eigener Entscheidung und eigenen Handels heraus. So schreibt Paulus: „Alles ist erlaubt, aber nicht alles baut auf. Niemand suche das Seine, sondern was dem andern dient.“ (1 Kor 10, 23) Und mit Blick auf den Umgang mit innerer Vielfalt und Kontroversen in den Gemeinden, wie schon einmal zitiert: „Prüft aber alles und das Gute behaltet.“ (1 Thess 5,21)

In den weiteren Kapiteln seines Buches zeichnet Siedentop dann nach, wie sich diese neue christliche Sicht auf den Menschen in den folgenden Jahrhunderten der europäischen Geschichte bis zur frühen Neuzeit verbreitete, entwickelte, in unterschiedlichen Kontexten, Bewegungen und Konflikten wirksam und zum Bestandteil europäischer Identität wurde. Da er an einer Ideengeschichte des Liberalismus interessiert ist, lautet sein Befund: „Das liberale Denken ist ein Produkt des Christentums.“ [235] Dieser Befund ließe sich freilich ergänzen um ähnliche ideengeschichtliche Tiefenanalysen, bei denen sich die christlichen Wurzeln auch der anderen, die politische Landschaft in der Moderne prägenden großen politischen Bewegungen zeigen würden: des sozialen Denkens (im Gebot der Nächstenliebe), des Konservatismus (im Bewusstsein der Fehlbarkeit des Menschen) und der Grünen (in Respekt und Verantwortung für die von Gott geschaffene Natur). Da diese Bewegungen keine regionalen oder nationalen Besonderheiten sind, sondern die politische Landschaft in ganz Europa prägen, zeigt sich auch in ihnen das Gemeinsame der europäischen Kultur.

Siedentops Buch wurde hier deshalb etwas ausführlicher zitiert, weil es präzise den Ausgangspunkt und die frühe Entwicklung einer – im Sinn des französischen Historikers Fernand Braudel – *longue durée* analysiert, also einer tiefer liegenden Ebene von Strukturen und Denkweisen, die langfristige historische Wirkung entfalten. Die Ideen vom Menschen als Subjekt und Person, von moralischer Gleichheit und Gewissensfreiheit, die sich auch in den normativen Grundlagen heutiger politischer Bildung niederschlagen und deren Orientierung an der Idee der politischen Mündigkeit begründen, gehen auf ältere Traditionen als die neuzeitliche Aufklärung zurück, und sie sind ein wesentliches Element europäischer Identität.

Was bedeutet dies nun für das oben angesprochene Dilemma? Wie kann politische Bildung mit der kulturellen Vielfalt und kulturellen Konflikten in der heutigen Weltgesellschaft umgehen, wenn die das Fach prägende Zielperspektive der politischen Mündigkeit selbst bereits Ausdruck einer bestimmten, eben der europäischen Kultur und Identität ist? Denn tatsächlich ist für politische Bildung, wie ein Sammelband postuliert, „Neutralität (...) keine Lösung".[236] Es dürfte der gangbarste Umgang mit diesem Dilemma sein, sich in Theorie und Praxis politischer Bildung an zwei Prinzipien gleichzeitig zu orientieren:

Erstens sollte politische Bildung in ihrer eigenen Fachkultur, in der Repräsentanz des Faches nach außen sowie in der Selbstrepräsentation gegenüber Adressaten und Teilnehmern zu ihrer eigenen kulturellen Situiertheit bekennen und diese Situiertheit für sich selbst programmatisch reflektieren. Sowohl in ihrem pädagogischen Selbstverständnis (vgl. Kapitel 1) als auch in ihrer politisch-normativen Orientierung (vgl. Kapitel 2) ist politische Bildung in Europa Teil der europäischen Kultur. Sie muss daher daran interessiert sein, diese Kultur zu tradieren und weiterzuentwickeln sowie Menschen anzuregen und zu befähigen, reflexiv Klarheit über ihren persönlichen Bezug zu europäischer Identität als eine Ebene kollektiver Identität neben anderen zu gewinnen. Dazu gehört – ggf. in Kooperation mit Geschichte (vgl. Kapitel 5) und dem Religionsunterricht[237] –, europäische Identität und ihre historischen Quellen zum inhaltlichen Gegenstand des Lernens zu machen. Dies schließt auch den Stellenwert des Christentums für europäische Identität ein. Diesen zu verdeutlichen, ist in der politischen und der historischen Bildung eine unabhängig von persönlichen religiösen Glaubenshaltungen zu sehende Aufgabe. Es ist auch keine, die aus Rücksicht auf Angehörige anderer Glaubensrichtungen zu unterlassen wäre. Denn im heutigen Europa gibt es zwar religiöse Vielfalt durch zahlreiche religiöse Minderheiten, die durch das Recht auf Religionsfreiheit geschützt sind. Dieses, auch von der EU garantierte Recht ist für ein friedliches Zusammenleben von hoher Bedeutung; es ist eine Konsequenz der eigenen europäischen Erfahrungen mit Religionskonflikten seit dem 17. Jahrhundert und insofern selbst Teil der europäischen Kultur geworden. Aber daraus folgt nicht, dass die Tatsache der christlichen Prägung europäischer Kultur in gemischtreligiösen Gruppen kein Lerngegenstand sein könnte.

Zweitens bringt ein solches Selbstverständnis politischer Bildung als Teil der von universalistischem Denken geprägten europäischen Kultur jedoch die Gefahr mit sich, sich mit anderen Kulturen nicht nur aus europäisch geprägten Perspektiven (was unvermeidlich ist) zu befassen, sondern hierbei allein europäische Beurteilungsmaßstäbe gelten zu lassen. Mit Blick auf *Bildung* durch politische Bildung ist dagegen gefordert, sich auch auf ganz andere als europäisch geprägte Sichtweisen einzulassen, sie zu verstehen und sie ggf. probeweise im Unterricht einzunehmen. Für Bildung als Horizonterweiterung ist die kulturelle Vielfalt in der Weltgesellschaft zunächst einmal nicht Bedrohung, sondern Chance; dies gilt auch für den Umgang mit Menschen, die aus anderen Kulturkreisen nach Europa eingewandert sind. Dass Zuwanderung auch neue Formen von Vielfalt innerhalb der europäischen Gesellschaften mit sich bringt, ist selbstverständlich. Allerdings kann damit nicht Kulturrelativismus als allgemeiner Grundsatz politischer Bildung gemeint sein. So sollten kulturelle Positionen, die sich von vornherein der Möglichkeiten eines übergreifenden Konsenses im Sinn von Rawls oder Taylor entziehen, weil sie ihrerseits keine Bereitschaft zur Offenheit und Verständigung mit von ihnen abweichenden Sichtweisen erkennen lassen, nicht als Ausdruck legitimer Vielfalt betrachtet werden. Ein Beispiel hierfür ist der islamistische Extremismus.

Die Grenze zwischen Offenheit für kulturelle Perspektiven, die anders sind als von der europäischen Kultur geprägte, und klarer Abgrenzung gegen aus dem genannten Grund nicht akzeptierbare Sichtweisen ist freilich in vielen Fällen nicht einfach zu ziehen. So wird man beispielsweise die sich derzeit in Afghanistan abzeichnende, eindeutig gegen das Menschenrecht auf Bildung verstoßende Verdrängung von Mädchen und Frauen aus Schulen und Hochschulen nicht mit dem Argument kultureller Vielfalt rechtfertigen können. Auf der anderen Seite wäre Vorsicht geboten, wenn in der politischen Bildung die in Europa dominierenden Rollenmuster beruflich erfolgreicher Frauen in den Mittel- und Oberschichten und die damit verbundenen familiären Lebensverhältnisse kurzerhand zum Maßstab für eine Be- oder Verurteilung von Geschlechterbeziehungen in anderen kulturellen Kontexten gemacht würden. Aber gerade weil diese Grenze zwischen Offenheit und Abgrenzung schwer zu ziehen ist, kann sie in vielen Fällen in der politischen Bildung gut zum kontroversen Lerngegenstand gemacht werden.

Vielleicht ist für den Umgang mit solchen Ambivalenzen in einer politischen Bildung, die ihre Zugehörigkeit zur europäischen Kultur mit der Offenheit für die kulturelle Vielfalt in der Welt, in der wir leben, verbindet, eine Charakterisierung treffend, die Kwame Anthony Appiah für Weltbürgertum verwendet hat: „Universalität plus Unterschied.“[238]

5. Politische Mündigkeit fördern: Unterricht in der politischen Bildung

Die vorigen Kapitel dieses Buches befassten sich mit grundlagentheoretischen Fragen politischer Bildung. In ihnen wurde diskutiert, ob und in welcher Weise bestimmte neuere Entwicklungen in Wissenschaft und Politik für die Reflexion von Sinn und Aufgaben politischer Bildung bedeutsam sind. In diesem abschließenden Kapitel soll nun gefragt werden, inwieweit daraus oder aus weiteren neueren wissenschaftlichen Erkenntnissen und politischen Entwicklungen Folgerungen für die Konzipierung und Gestaltung konkreten Unterrichts in der politischen Bildung gezogen werden können.

Fachunterricht in der politischen Bildung planen und gestalten

Diese Frage, wie guter Fachunterricht geplant und gestaltet werden kann, steht im Mittelpunkt der Kapitel „Lehren und Lernen in der politischen Bildung" und „Die Planung von Lernangeboten in der politischen Bildung" von *Politik entdecken – Freiheit leben.*[239] Die dort behandelten Aspekte reichen von lerntheoretischen Grundlagen und Lehrerrolle über Auswahl von Lerngegenstände und Entwicklung von Unterrichtsthemen mittels eines Modells der Tiefenschichten des Politischen, fünf didaktischen Prinzipen und zwölf Grundsituationen des Lernens bis zu Reflexionen zu Methoden und Medien. Ferner werden Möglichkeiten und Grenzen des Planungshandelns mit Blick auf Unterricht diskutiert sowie die Relevanz von fachlicher Diagnostik, des Umgangs mit Heterogenität, der Sequenzierung von Unterricht und der Leistungsbewertung erörtert.

Susann Gessner und Philipp Klingler haben viele Aspekte daraus in einem kleinen Buch zur Planung von Politikunterricht aufgegriffen und teilweise ergänzt.[240] Gemeinsam mit sieben weiteren Kolleginnen und Kollegen aus der Didaktik der politischen Bildung habe ich ferner die Frage nach gutem Unterricht entlang von siebzehn präziseren Fragen zum Gegenstand eines einführenden didaktischen Leitfadens zur Gestaltung von Fachunterricht gemacht.[241]

Diese Arbeiten haben durch neue Entwicklungen ihre Relevanz nicht verloren. Sie bedürfen aber teilweise der Ergänzung oder Weiterentwicklung. Dazu sollen im Folgenden drei Aspekte angesprochen werden: Bildungsorientierung (1), Wissen (2) und Lehrerrolle (3).

(1) Die eingangs genannten Arbeiten bewegen sich sprachlich und konzeptuell noch durchweg im Kontext der Kompetenzorientierung. Die in diesem Kontext als Kompetenzbereiche definierten Intentionen politischer Bildung, im Wesentlichen politische Urteils- und Handlungsfähigkeit sowie fachbezogene methodische Fähigkeiten, bleiben zwar, wie oben bereits ausgeführt (vgl. Kapitel 1), weiterhin aktuell. Sie bedürfen aber einer Rahmung durch den Rückbezug auf das Konzept der Bildung. Entsprechend wäre bei der Entwicklung von Unterrichtsthemen ebenso wie bei Formulierung von konkreten Kompetenzzielen immer zu bedenken, in welcher Weise diese zu einer reflexiven, die Dialektik von Ein- und Ent-Bindung bedenkende Verknüpfung der Lernenden mit dem Politischen als Teil der menschlichen Kultur beitragen. Ferner wären die in Kapitel 1 beschriebenen Entwicklungsrichtungen politischen Denkens und Verstehens im Blick zu behalten, wenn auch nicht bei jeder einzelnen Unterrichtsstunde, aber doch im längeren Zeitverlauf schulischer politischer Bildung.

Bildungsorientierung ermöglicht auch einen offenen und situativ flexiblen Umgang mit *Emotionen* in der politischen Bildung (vgl. Kapitel 1), der sich nicht in ein Kompetenzmodell pressen, aber leicht mit der Idee der auf die gesamte Persönlichkeitsentwicklung bezogenen Bildung des Menschen verbinden lässt. Gleiches gilt für den Bereich politischer Einstellungen und Motivationen. Joachim Detjen et al. weisen zwar zu Recht darauf, dass mit diesen beiden Begriffen bedeutsame, durch politische Bildung zu fördernde Aspekte des Weltbezugs von Menschen angesprochen sind.[242] Aber ihr Versuch, politische Einstellung und Motivation als *Kompetenzbereich* zu definieren, überzeugt nicht. Weder lassen sich hierfür konkrete Listen von Kompetenzen aufstellen, noch klar bestimmbare Graduierungen entwickeln, noch sind entsprechende Lernergebnisse einer Kompetenzmessung zugänglich. Die Autoren machen wohl aus diesem Grund auch gar nicht erst den Versuch, entsprechende Konkretisierungen in Form von Kompetenzformulierungen vorzunehmen. Als Aspekte persönlicher Bildung und deren Entwicklung, die sich durch politische Bildung anregen, aber nicht steuern lassen, können politische Einstellungen und Motivationen aber durchaus verstanden werden.

(2) Die Fragen nach dem Stellenwert des *Wissens*, nach dessen Auswahl und dessen Vermittlung betreffen ein altes Problem der Didaktik, ja im Grunde *das* Kernproblem didaktischen Denkens in Wissenschaft und Praxis. Es ist wohl nicht übertrieben zu konstatieren, dass es Didaktik als Wissenschaft überhaupt nur gibt, weil sich diese Fragen nicht mehr allein durch Berufung auf Tradition und Erfahrung befriedigend beantworten lassen. So waren unter anderem die Kritik am bildungstheoretischen Objektivismus und Szientismus (nach denen die Inhalte des schulischen Lernens ihre Begründung aus ihrer objektiven Richtigkeit gewinnen) sowie an der Theorie des Klassischen (nach der in bestimmten Kulturgütern menschliche Qualitäten in dauerhaft gültiger Weise zum Ausdruck kommen) bei Klafki Ausgangspunkte einer bildungstheoretischen Didaktik, die auch die Fachdidaktiken ab den 1960er-Jahren stark beeinflusst hat.[243] *Nicht jedes Wissen bildet* – diese immer schon auch schulkritische Einsicht bildet einen wesentlichen Ausgangspunkt für die Didaktik, die sich deshalb (nicht nur) in der politischen Bildung zunächst als „Theorie der Bildungsinhalte“[244] entwickelte.

Nun beginnt der Wissenserwerb von Menschen nicht in der Schule, er endet dort nicht und er wird während der Schulzeit auch in außerschulischen Lebenssituationen fortgeführt. Diese auf den ersten Blick triviale Feststellung ist für erfolgreiche Wissensförderung im Unterricht äußerst folgenreich. Zunächst muss daher konstatiert werden: „Allen unseren Erfahrungen und Begegnungen liegt ein Alltagswissen zugrunde.“[245] Dies gilt selbstverständlich auch für Erfahrungen und Begegnungen mit dem Politischen. Wenn Menschen in die Lage kommen, sich zu politischen Fragen und Problemen Urteile zu bilden, so geschieht dies zunächst einmal auf der Basis dieses Alltagswissens. In aller Regel beruhen solche Urteile nicht auf systematischen Analysen, sondern auf *Heuristiken.* Solche Heuristiken sind „informelle Daumenregeln ..., die schnelle Lösungen liefern und die Komplexität der Urteilsfindung reduzieren.“[246] Dies geht Experten in der politischen Bildung nicht anders, wenn sie sich zu einem aktuellen politischen Ereignis ein (erstes) Urteil bilden. Allerdings sollten ihre „Daumenregeln“ reflektierter und begründbarer sein als die, die beispielsweise ihre 16jährigen Schülerinnen und Schüler nutzen.

Wissensvermittlung in der schulischen politischen Bildung zielt im Kern auf die Verbesserung der Kriterien, nach denen Schülerinnen und Schüler politische Urteile und handlungsbezogene Entscheidungen treffen. Da wir aber nicht wissen können, welches die konkreten Situationen sein werden, an denen sich dieses politische Urteilen und Handeln heutiger Jugendlicher in deren künftigem Leben wird bewähren müssen, kann die politische Bildung diese Fähigkeiten nur an gegenwärtigen Situationen entwickeln helfen. Dieses Wissen aber umso relevanter, je intensiver es über den konkreten Lernanlass hinaus die grundlegenden Vorstellungen erreicht, von denen aus Schülerinnen und Schüler ihre politischen „Daumenregeln“ entwickeln.

Zudem gilt für die politische Bildung vielleicht noch mehr als für die meisten anderen Fächer, dass in ihrem fachlichem Selbstverständnis Offenheit und Ungewissheit in der Sache geradezu eingeschrieben ist: Es liegt in der Natur des politischen Urteils, dass es unsicher in dem Sinne ist, dass es in Bezug auf die zu beurteilende Situation kein vollständiges gesichertes Wissen gibt. Denn könnten wir politische Situationen mit Hilfe wissenschaftlichen Wissens vollständig und richtig erschließen, dann gäbe es nichts mehr zu beurteilen, dann wären die notwendigen Entscheidungen eine reine Expertenangelegenheit – was eine gänzliche apolitische Vorstellung darstellt. Verantwortliche politische Entscheidungen werden immer unter den Bedingungen unvollständigen Wissens getroffen.

In der Didaktik der politischen Bildung gibt es heute einen breiten Konsens darüber, dass *konzeptuelles Wissen* das für die politische Bildung wesentliche Wissen ist. In der Psychologie repräsentieren *Konzepte* die Verstehensseite kategorialer Unterscheidungen.[247] Mit den Begriffen ‚Parlament' und ‚Regierung' beispielsweise wird zunächst einmal kategorisiert, also eine *Unterscheidung* vorgenommen – Parlament gilt als *etwas anderes* als Regierung und wird deshalb anders benannt. Die *Vorstellungen* jedoch, die jemand mit ‚Parlament' und ‚Regierung' verbindet – etwa über ihr Zustandekommen, ihre Aufgaben, ihren jeweiligen institutionellen Sinn, über ihre Mitglieder, ihre Arbeitsweise usw. –, werden als Konzept der jeweiligen Person von Parlament und Regierung verstanden. Konzepte sind „the glue that holds our mental world together"[248], sie repräsentieren in ihrem mentalen Zusammenhang das Weltverständnis eines Menschen. Sowohl Alltagswissen als auch wissenschaftliches Wissen sind konzeptuell strukturiert. Der Unterschied zwischen beiden liegt nicht einfach darin, dass ersteres ‚falsch' und zweiteres ‚richtig' ist, sondern darin, dass wissenschaftliches Wissen methodisch gewonnen sowie rational begründet sein muss und insoweit einem höheren Rationalitätsanspruch verpflichtet ist; daher ist es selbst dann sinnvoll, von *Wahrheit* als regulativer Idee für die Gewinnung wissenschaftlichen Wissens zu sprechen, wenn man es nicht für möglich hält, dass die Wissenschaft herausfinden kann, wie die Welt in einem ontologischen Sinn tatsächlich ist.[249]

Konzepte werden in der Psychologie als miteinander vernetzt und überdies als hierarchisch strukturiert gedacht. Sie können abstrakter oder konkreter und für das Weltverstehen von peripherer oder zentraler Bedeutung sein. Vor allem aber können Konzepte von fundamentalerer Bedeutung das Verständnis anderer Konzepte präformieren. Dieser psychologische Aspekt auf der einen Seite und die Suche nach dem ‚Kern' des Weltzugangs, der ein Fach kennzeichnet, auf der anderen Seite hat in mehreren Fachdidaktiken in den beiden letzten Jahrzehnten eine Debatte über *Basiskonzepte* des jeweiligen Faches ausgelöst.[250] Basiskonzepte repräsentieren in einer abstrakten Form die für ein Fach grundlegendsten Bereiche fachlichen Wissens und Weltverstehens. Ihnen lassen sich jeweils eine Vielzahl konkreterer Konzepte zuordnen.

In der Didaktik der politischen Bildung ist diese Diskussion vor allem deshalb sehr kontrovers geführt worden, weil in sie auch unterschiedliche Vorstellungen von der fachlichen Breite des Unterrichtsfaches der politischen Bildung (ist das Fach allein auf die Politikwissenschaft oder auch auf Soziologie sowie Wirtschafts- und Rechtswissenschaften bezogen?) eingeflossen sind. Ferner spielten in dieser Kontroverse wissenschaftstheoretische, bildungstheoretische und unterrichtstheoretische Differenzen eine Rolle.[251] Im Ergebnis konnte eine innerfachliche Einigung auf ein konsensuelles Modell für Basiskonzepte bislang nicht gefunden werden. Im Wesentlichen liegen drei solcher Modelle vor, in denen als Basiskonzepte politischer Bildung genannt werden:

- Macht, System, Recht, Öffentlichkeit, Gemeinwohl und Knappheit[252]
- Ordnung, Entscheidung und Gemeinwohl[253]
- System, Akteure, Bedürfnisse, Grundorientierungen, Macht und Wandel[254].

Dieser Diskussionsstand ist unbefriedigend, zumal es sich bei manchen Konzepten nur um Unterschiede in der Hierarchisierung handelt (z.B. Macht als Teilaspekt von Entscheidung oder umgekehrt). Da die Unterschiede aber auch die Fächerordnung in den Gesellschaftswissenschaften betreffen und sich in Modellen für Basiskonzepte für verschiedene Fächer Überschneidungen finden (so etwa zwischen Geographie und politischer Bildung), wäre es für eine produktive Fortsetzung dieser Diskussion wohl am sinnvollsten, sie für die gesellschaftswissenschaftlichen Fächer gemeinsam zu führen.

(3) Die Rolle des *Lehrers* wurde in *Politik entdecken – Freiheit leben* als die eines *Lernbegleiters* bestimmt.[255] Mit Blick auf das oben in Kapitel 1 Gesagte erscheint es aus heutiger Sicht als treffender, Lehrerinnen und Lehrer als *Experten für Bildung* zu verstehen, mit Schwerpunkt auf den studierten Fächern. Dies schließt die Aufgabe der Lernbegleitung ein, integriert sie aber in ein breiteres Verständnis von Lehrerhandeln im Unterricht.

Bewusst wird hier von Lehrern und nicht, wie derzeit oft zu lesen, von ‚Lehrkräften' gesprochen. Dieser modische Begriff trägt dazu bei, das Ansehen des Lehrerberufs weiter zu schwächen, denn die Bezeichnung ‚Kraft' wird vielfach für einfachere Tätigkeiten (z.B. Aushilfskraft, ABM-Kraft) oder für berufsunspezifische Gruppen (z.B. Fachkräfte, Führungskräfte) verwendet. Der Begriff ‚Lehrer' steht dagegen schon seit der Antike für eine der ältesten und kulturell bedeutsamsten menschlichen Tätigkeiten. Mit ihm verbindet sich eine eigene Würde, die sprachlich zum Verschwinden zu bringen einen der bemerkenswertesten Fehlgriffe der politischen Bemühungen um eine vorgeblich ‚geschlechtergerechten' Sprache darstellt.

Lernbegleitung zu bieten, bleibt auch in einem bildungsorientierten Unterricht eine zentrale Aufgabe von Lehrern. Dass dies nicht in einem Gegensatz zum Lehren im Sinne der aktiven Steuerung des Unterrichtsgeschehens steht, hat die in den 2010er-Jahren vielbeachtete Studie von John Hattie gezeigt.[256] Hattie kommt zwar – auf einer außergewöhnlich breiten Datenbasis – unter anderem zu dem Ergebnis, „dass aktiver und geführter Unterricht viel effektiver ist als ungeführter, moderierender Unterricht".[257] Lehrende sollen daher im Unterricht

„direktiv, einflussreich, fürsorglich und aktiv“ engagiert sein.[258] Aber dieses aktive Lehrerhandeln muss nach Hattie konsequent auf die Vorstellungen der Schülerinnen und Schüler, auf deren Verstehen und deren Lernen bezogen sein: „Es ist wichtig, dass Lehrpersonen das Lernen durch die Brille der Schülerinnen und Schüler sehen (...). Lernen erfordert eine aktive Beteiligung der Lernenden. Neues Wissen wird auf der Grundlage dessen konstruiert, was bereits verstanden und geglaubt wird“.[259] Fachbezogene Diagnostik ist daher als Aspekt des Lehrerhandels für guten Unterricht von hoher Bedeutung.

Was Hattie allgemein über Lehren und Lernen sagt, gilt ebenso für einen bildungsfördernden Unterricht in der politischen Bildung. Wenn Bildung sich durch Horizonterweiterung und Wirkungen auf das Welt- und Selbstverhältnis von Menschen auszeichnet, ist für Schaffung von Bildungsmöglichkeiten durch schulischen Unterricht eben die von Hattie betonte Notwendigkeit des Bezugs auf bereits vorhandenes Wissen und Verstehen notwendig.

Auf der anderen Seite steht in der politischen Bildung die politische Dimension der menschlichen Kultur, mit der junge Menschen ihr Weltverstehen verknüpfen sollen. Diese Perspektive der Bildung hat Konsequenzen für das berufliche Selbstverständnis von Lehrenden in der politischen Bildung. Lehrer sein heißt unter dieser Perspektive, in einem bestimmten (fachlichen) Bereich, in einer bestimmten Zeit und an einem bestimmten (kulturellen) Ort Repräsentant der bisherigen menschlichen Kultur – und damit der Welt der Erwachsenen – gegenüber der nächsten Generation zu sein sowie Angehörigen dieser neuen Generation in der Dialektik von Einbindung und Ent-Bindung Zugänge zu dieser Kultur zu eröffnen. Genau hieraus begründet sich auch der spezifische Anspruch auf Autorität von Lehrerinnen und Lehrern gegenüber den ihnen anvertrauten Kindern und Jugendlichen. Die allererste Anforderung an Lehrerinnen und Lehrer sollte es daher sein, selbst gebildet und an ihrer eigenen weiteren Bildung interessiert zu sein.

Eine solche Aufgabenbestimmung für den Lehrerberuf mag auf den ersten Blick als etwas überspannt gesehen werden. Aber tatsächlich stehen Lehrerinnen und Lehrer immer, ob bewusst oder unbewusst, an Schnittstellen, die für Bildung bedeutsam sind. Sie werden von Jugendlichen eben nicht nur als schulische Angestellte (‚Lehrkräfte') wahrgenommen, sondern auch als Erwachsene; nicht nur als ‚Stoffvermittler' (für schulische Leistungskontrollen und Bewertungen), sondern auch als Repräsentanten ihrer Fächer; nicht nur als Individuen, denen man zufällig begegnet, sondern als Personen, mit denen man sich identifizieren, von denen man sich abgrenzen oder denen gegenüber man gleichgültig sein kann. Lehrerinnen und Lehrer repräsentieren als Personen, die Einzelschule als sozialer Ort und das Schulsystem als Ganzes *de facto* immer die kulturelle Welt der Erwachsenen gegenüber Kindern und Jugendlichen, ob dies nun auf eine reflektierte Weise geschieht oder nicht – und auch wenn dies nicht reflektiert wird, hat es gleichwohl Effekte auf das Bild, das Kinder und Jugendliche sich von der Welt machen, in die sie hineinwachsen.

Allerdings lassen sich (nicht nur) in der politischen Bildung Bildungsprozesse weder präzise planen noch sozialtechnologisch steuern.[260] Unterrichtsplanung ist für professionelles Lehrerhandeln zwar notwendig, aber:

„Jede Unterrichtsplanung (...) ist ein *kognitiver Probedurchlauf durch Unterricht*. Sie beschreibt die Anfangssituation für einen real (im Wechselspiel zwischen Planung und Zufall) ablaufenden Unterrichtsprozess. (...) Damit kann es auch nicht darum gehen, eine Unterrichtsplanung im Unterricht zu *verwirklichen*. Vielmehr ist eine Unterrichtsplanung unter dieser Perspektive eine geistige Übung, die das Risiko für den realen Unterricht dämpft, da sie kognitive Möglichkeiten – und damit verschiedene Handlungsmöglichkeiten – erschlossen hat (...) Eine solche Planung sagt nichts über den tatsächlichen Unterrichtsverlauf aus".[261]

Das folgende Formular[262] soll als Hilfe für die alltägliche Unterrichtsplanung in der politischen Bildung verstanden werden.

Es setzt bereits voraus, dass Lehrer bei der Planung eine begründete Vorstellung davon haben, in welcher Beziehung das vorgesehene Unterrichtsthema zu Vorwissen und Vorverstehen ihrer konkreten Schülerinnen und Schüler steht. Das Formular bezieht sich nicht auf einzelne Unterrichtsstunden, sondern auf die gesamte Unterrichtseinheit und enthält die wesentlichen Fragen, zu denen Planungsentscheidungen vorab getroffen werden sollten. Es versteht sich, dass eine solche Planung im Verlauf des realen Unterrichtsvorhabens verändert werden kann.

Planungsformular für Lernvorhaben in der schulischen politischen Bildung (Stand 2023)

Thema des Lernvorhabens	
Wie lautet das genaue Thema?	
Welche Tiefenschichten des Politischen werden mit diesem Thema angesprochen?[263]	
• Oberfläche	
• Mittel- und längerfristige Probleme	
• Kernbereich/Basiskonzepte	
Intentionen	
Welchen Beitrag zur *Bildung* der Schülerinnen und Schüler soll das Unterrichtsvorhaben leisten?	
Welche *Kompetenzen* sollen die Schülerinnen und Schüler in diesem Lernvorhaben verbessern oder neu erwerben?[264]	
• im Bereich der politischen Urteilsfähigkeit	
• im Bereich der politischen Handlungsfähigkeit	
• im Bereich der methodischen Fähigkeiten	
Mit welchen *Emotionen* rechne ich bei diesem Vorhaben und wie gehe ich damit um?	

In welchen Schritten gehe ich vor?

Thematische Schwerpunkte und Lernaufgaben	Grundsituationen des Lernens[265]	Ggf. Lernorte außerhalb des Klassenraums	Methoden	Medien	Möglichkeiten der Differenzierung	Geschätzter Zeitbedarf

Formen der Evaluation

Welche Formen der *Auswertung des Lernvorhabens* mit den Schülerinnen und Schülern sehe ich vor?	
Welche Formen der *Leistungsbewertung* sehe ich vor?	

Nachträgliche Reflexion (nach Abschluss des Lernvorhabens auszufüllen)

Was ist gut, was weniger gut gelungen?	
Was würde ich bei einer Wiederholung dieses Lernvorhabens anders machen?	

Haltung zeigen? Meinungsfreiheit, Kontroversität und ‚rote Linien'

Spätestens seit dem Beutelsbacher Konsens ist Kontroversität ein anerkanntes didaktisches Prinzip politischer Bildung. Schon im Beutelsbacher Konsens wurde der Zusammenhang dieses Prinzips mit der pädagogischen Intention der Mündigkeit hervorgehoben, denn Mündigkeit stehe in einem Gegensatz zu Indoktrination und „wenn unterschiedliche Standpunkte unter den Tisch fallen, Optionen unterschlagen werden, Alternativen unerörtert bleiben, ist der Weg zur Indoktrination beschritten."[266]

Gleichwohl stellt sich nicht erst seit heute die Frage nach den Grenzen dieses Prinzips. Es versteht sich für jeden fachlichen Unterricht, dass eine Grenze für Kontroversität durch ein anderes didaktisches Prinzip gesetzt ist: das der Wissenschaftsorientierung. Zwar betont der Beutelsbacher Konsens auch die Kontroversität innerhalb der Wissenschaften, die im Unterricht zu repräsentieren sei. Gleichwohl aber gilt ebenso, dass das zu vermittelnde Wissen sowie der methodische Umgang mit ihm vor dem Hintergrund der jeweiligen Fachwissenschaften, im Falle der politischen Bildung der Sozialwissenschaften, verantwortbar sein muss. So dürfen beispielsweise im Unterricht keine als widerlegt geltenden Tatsachenbehauptungen verbreitet, wissenschaftliche Forschungsergebnisse und Theorien unzutreffend dargestellt, Fachbegriffe dauerhaft falsch gebraucht oder für den jeweiligen Gegenstand bedeutsame wissenschaftliche Erkenntnisse willkürlich ausgeblendet werden. Gegenüber aus fachlich-wissenschaftlicher Sicht problematischen Konzepten und (Alltags-Theorien) von Schülern oder solchen Vorurteilen (im Sinne von vorläufigen Urteilen), die aus wissenschaftlicher Perspektive unvertretbar sind, hat der Unterricht eine Korrekturaufgabe.

Dies gilt für jedes Fach, so auch für die politische Bildung. In der politischen Bildung kommt aber eine weitere Grenzziehung hinzu, die nicht im wissenschaftlichen Bezug, sondern im politischen Charakter seiner Gegenstände begründet liegt. Sie betrifft die Fragen, ob, warum, wann und auf welche Weise Lehrer die Aufgabe haben, bestimmten politischen Meinungen und Einstellungen nicht nur aus wissenschaftlichen, sondern auch aus politischen Gründen entgegenzutreten mit dem Ziel, diese Meinungen und Einstellungen mit pädagogischen Mitteln zu verändern. Wehling erwähnt en passant, dass diese Frage wohl deshalb auf der Beutelsbacher Tagung keine Rolle gespielt habe, weil damals „im politischen Leben der Bundesrepublik die extremen Ränder als mitbestimmende Größe“ fehlten und das habe sich auch in der politischen Bildung widergespiegelt.[267] Dies änderte sich aber bereits in den 1990er-Jahren, als sich mit dem Erstarken neuer rechtsextremer Bewegungen und Parteien besonders unter Lehrern in den neuen Bundesländern eine gewisse Unsicherheit darüber verbreitete, ob das Kontroversitätsgebot die gleichberechtigte Repräsentation von Positionen aus diesem Spektrum verlange.

Heute ergibt sich der Eindruck, dass im Fachdiskurs der politischen Bildung eine breite Übereinstimmung über die prinzipielle Notwendigkeit solcher Grenzziehungen besteht. Schwieriger und kontroverser gestaltet sich jedoch die Frage, wogegen konkret sich diese Abgrenzung richten soll. Es bietet sich an, hierfür auf den Begriff des politischen Extremismus zu rekurrieren, der im politischen und wissenschaftlichen Diskurs eine prominente Rolle spielt.[268] Gelegentlich wird dessen Tauglichkeit für diese Grenzsetzung innerhalb der politischen Bildung bestritten, andererseits wird er praktisch durchgehend für entsprechende Positionen aus dem rechten Spektrum verwendet, und plausible Alternativen sind nicht recht erkennbar.[269] Im Folgenden werden die folgenden Begriffsbestimmungen zugrunde gelegt, die 2018 von einer Gruppe von vier Autoren aus der politischen Bildung in einen öffentlichen Aufruf mit dem Titel „Verteidigung der Republik – Politische Bildung angesichts von Extremismus“ formuliert wurden:

Politischer Extremismus wendet sich hiernach „gegen Kernprinzipien der konstitutionellen Demokratie ... Als extremistisch können solche ... Positionen gelten, die die rechtsstaatlich verfasste und menschenrechtsbasierte Demokratie, die freiheitliche Republik selbst und damit auch die Freiheit der Bürgerinnen und Bürger beseitigen wollen. (...)

Die Vorstellungswelt des *Rechtsextremismus* ist von der Idee eines ethnisch und kulturell homogenen Volkes geprägt. Dabei wird von der Ungleichwertigkeit der Menschen ausgegangen und anderen Menschen als den Angehörigen des eigenen Volkes rechtliche Gleichheit und gleiche Menschenwürde abgesprochen. Nationalismus, Fremdenfeindlichkeit und Rassismus sind daher zentrale Elemente rechtsextremen Denkens. Das Gesellschaftsverständnis des Rechtsextremismus ist antipluralistisch, antidemokratisch und antiliberal. Verbunden mit einer aggressiven Rhetorik werden der demokratische Verfassungsstaat und die freiheitlich-demokratische Grundordnung abgelehnt und bekämpft. Angestrebt wird ein illiberales, autoritär-diktatorisches Herrschafts- und Staatsmodell. Oft ist damit die Verharmlosung des Nationalsozialismus und die Leugnung oder Relativierung seiner Verbrechen verbunden.

Von *Linksextremismus* ist dann zu reden, wenn sich Kapitalismuskritik mit einer generellen Ablehnung des demokratischen Verfassungsstaates und seiner Organe, einer grundsätzlichen Infragestellung des staatlichen Gewaltmonopols sowie einer Relativierung der individuellen Rechte derjenigen verbindet, die als politische Gegner gelten. Freiheit für Andersdenkende, Pluralismus, Rechtsstaat und Gewaltenteilung werden in linksextremistischen Ideologien einem Gesellschaftsverständnis untergeordnet, das auf die Durchsetzung einer egalitären und ideologisch formierten gesellschaftlichen Einheit zielt. Gegenwärtige Spielarten von Linksextremismus knüpfen an verschiedene kommunistische und anarchistische Traditionen an und verharmlosen die dabei entstandenen Diktaturen und terroristischen Bewegungen.

Der *Islamismus* und seine terroristische Zuspitzung, der Dschihadismus, stellen eine freiheitsfeindliche Ideologie dar, die sich auf eine religiöse Begründung beruft. Überdies wird mit dem Anspruch, den ‚wahren Islam' zu vertreten, ein Monopolanspruch erhoben, der mit der Intoleranz gegenüber anderen Verständnissen des Islams wie gegenüber anderen Religionen einhergeht. Extremistisch ist der Islamismus deshalb, weil er unter Berufung auf eine gottgewollte Ordnung jede von Menschen gemachte politische Ordnung ablehnt und sich daher gegen Demokratie und die Vielfalt von Lebensformen wendet. Im Dschihadismus wird überdies aus einer angeblichen ‚Demütigung aller Muslime' das Recht auf die gewaltsame Bekämpfung der freien Gesellschaften abgeleitet.

In allen drei Extremismen gibt es eine Affinität zu Gewalt oder mindestens zu deren Rechtfertigung. In allen dreien finden sich auch Formen des Antisemitismus."[270]

Es versteht sich, dass sich diese Formen von Extremismus in vieler Hinsicht unterscheiden und zu verschiedenen Zeiten in den vergangenen Jahrzehnten ein jeweils sehr unterschiedliches Gewicht haben konnten. Gleichwohl sind mit den Begriffen Rechtsextremismus[271], Linksextremismus[272], Islamismus[273] sowie Antisemitismus[274] und Rassismus (unter der Voraussetzung eines biologisch-ethnischen Begriffsverständnisses, vgl. Kapitel 3) aus heutiger Sicht jene Syndrome politischer Einstellungen und Praxen benannt, die in der politischen Bildung nicht in gleicher Weise wie andere politische Positionen in kontroverse und ergebnisoffene Diskurse eingebracht werden können, sondern bei denen die pädagogischen Intentionen auf Prävention, Problematisierung und soweit möglich auch Überwindung durch neue Bildungserfahrungen zielen. Hier kann in normativer Hinsicht von einer symbolischen ‚roten Linie' gesprochen werden, deren Legitimität sich aus der Verteidigung der Menschenwürde und der gleichen Freiheit aller Bürger ergibt. Denn der freie Meinungsstreit ist nur möglich, wenn die durch die Grundprinzipien freiheitlicher Verfassungen garantierte gleiche Freiheit aller an ihm Beteiligten von allen anerkannt wird.

Nun ist mit einer solchen normativen und politischen Grenzsetzung noch nicht viel über professionelle Handlungsstrategien von Lehrern im Umgang mit solchen Einstellungen gesagt, die ja durchaus auch von Schülern im Unterricht aktiv eingebracht oder zumindest bei ihnen erkennbar sein können. Das Lehrerhandeln auch gegenüber Schülern mit extremismusaffinen Meinungen muss von einer pädagogischen Brechung geprägt sein. Kurt Edler hat ein idealtypisches Selbstkonzept eines Lehrers oder einer Lehrerin mit Blick auf den Umgang mit Islamismus so beschrieben: „Vom demokratischen Verfassungsstaat und der aufgeklärten Republik habe ich ein persönliches Konzept, kenne Programme und Strategien des Islamismus, bin rhetorisch trainiert und kann cool bleiben, so dass ich auch in zugespitzten Situationen genug pädagogische Rollendistanz wahren kann, um meine Schüler nicht als politische Gegner zu betrachten oder zu behandeln."[275] Dies lässt sich zwanglos auch auf den Umgang mit den anderen hier angesprochenen Grenzsetzungen übertragen. Lehrer sind auch in der politischen Bildung keine Aktivisten, die gegen ihre Schüler in den politischen Kampf ziehen. Auch extremismusaffin denkende Schülerinnen und Schüler sind in pädagogischen Kontexten zunächst Adressaten, denen Möglichkeiten für die Erweiterung ihres Weltverstehens und die Entwicklung ihrer Persönlichkeit eröffnet werden sollen, also für ihre weitere Bildung. Dazu gehört auch, dass es möglich sein muss, offen zu sprechen, dass also auch den Lehrenden gegenüber unbequeme Gedanken und Meinungen geäußert werden können und dass es keine vorschnelle moralische Verurteilung gibt. Grenzsetzung heißt daher nicht Tabuisierung und Gesprächsverweigerung. Der Politikdidaktiker Wolfgang Hilligen hat den Balanceakt, den Lehrer in solchen Situationen vollbringen müssen, so beschrieben: „Der Lehrer muß die Intoleranz gegenüber jeder Intoleranz mit der Toleranz gegenüber den noch Intoleranten verbinden."[276]

Diese pädagogisch geprägte Perspektive kann zu unterschiedlichen, sich ergänzenden Konsequenzen führen:

Situationsklug reagieren, das heißt, nicht schematisch zu reagieren und sich nicht provozieren zu lassen. Einschlägige Äußerungen von Lernenden können sehr verschiedenes bedeuten: eine spontane Randbemerkung ohne tiefere Relevanz, auf die einzugehen nicht lohnt; eine gezielte Provokation, um zu testen, wie der oder die da vorne reagiert; ein ernst gemeinter Beitrag, der im Gespräch aufgenommen werden kann. Entsprechend unterschiedlich wird eine angemessene Reaktion ausfallen können.

Im Gespräch bleiben ist essenziell, wenn neues Lernen angeregt werden soll. Verhärtete Fronten sollten daher vermieden werden und das ernsthafte Interesse von Lehrern an dem, was Schüler denken und meinen, ist wohl die beste Basis dafür.

Widerpart sein kann freilich ebenfalls zu einem ernsthaften Gespräch gehören. Extremistischen, rassistischen oder antisemitischen Positionen muss durchaus deutlich widersprochen werden, wenn auch nicht notwendigerweise immer spontan und auch nicht in jedem Fall durch eine persönliche Antwort. Es kann unter Umständen sinnvoller sein, in der nächsten oder übernächsten Stunde gut vorbereitet auf eine bestimmte Aussage zurückzukommen oder mit geeignetem Lernmaterial oder Arbeitsaufgaben zu reagieren. Was aber nicht geschehen sollte, ist solchen Positionen schlicht nur eine Bühne zu bieten, ohne dass sie mit Widerspruch rechnen müssen. Was nicht geduldet werden kann, sind strafbare Handlungen (wie Verbreitung verbotener Zeichen oder Medien), offener oder subtiler Druck auf Mitschüler oder Verbreitung von die Menschenwürde anderer verletzender Aussagen – wenngleich es in der Praxis nicht immer leicht ist, diese Grenze hinreichend genau zu bestimmen.[277]

Letztlich aber geht es unter dem Aspekt der Bildung darum, Schülern, die mit den hier in Rede stehenden Sichtweisen sympathisieren, *alternative Möglichkeiten des Weltverstehens* zu vermitteln. Das aber erfordert in sehr vielen Fällen einen langen Atem, der umso länger sein muss, je bedeutsamer solche problematischen Sichtweisen für das Selbst- und Weltverständnis von Adressaten bereits geworden sind. Der Lernpsychologe Gerd Mietzel hat die Schritte beschrieben, die üblicherweise gegangen werden müssen, wenn eine Veränderung im Weltverstehen, also ein ‚conceptual change', möglich ein sein soll[278]: Zunächst bedarf es einer ‚Überraschung' (Pertubation) im Sinne eines Anlasses, an einer bestimmten Stelle mit den bisherigen Konzepten der Welterklärung unzufrieden zu sein; sodann sind überzeugende Alternativen erforderlich, die im Konflikt dem bisherigen Denken zu einer kognitiven Dissonanz führen; die neuen, alternativen Erklärungen müssen sich an neuen Beispielen bewähren und als den alten überlegen erfahren werden; schließlich bedarf es der subjektiven, auch emotionalen Bereitschaft, eine neue Konzeption zu übernehmen und die alte zu verwerfen oder zu korrigieren.

Es ist im Regelfall sehr unwahrscheinlich, dass eine einzelne diskursive Situation oder eine bestimmte andere Intervention ausreichen, um einen solchen Prozess des Um- und Neudenkens in Gang zu setzen oder ihn gar mit einer ‚Abkürzung' erfolgreich zu beenden. Aber gerade deshalb ist im Umgang mit diesem Problemfeld der Lernort Schule für politische Bildung von herausgehobener Bedeutung, denn anders als in der außerschulischen Bildung besteht hier durch die relativ langen Zeiträume, in denen Lehrer mit festen Schülergruppen arbeiten, zumindest eine gute Chance für solche mittel- und längerfristig angelegten Interventionen.

Geht es bei diesen Umgangsweisen mit politisch problematischen Meinungen und Einstellungen auch darum, dass Lehrerinnen und Lehrer ‚Haltung zeigen'? Diese Forderung wird immer wieder gestellt, wenn auch in der politischen Öffentlichkeit häufiger als im Fachdiskurs der politischen Bildung.[279] Bei Haltungen geht es um innere Einstellungen, die jedoch im Auftreten nach außen erkennbar werden sollen. „Haltungen kommt insofern ein performativer Charakter zu."[280] Nun sind Lehrerinnen und Lehrer zwar auf die Verfassung vereidigt und allein deshalb schon zu einer positiven Grundhaltung zu den Grundsätzen eben dieser Verfassung verpflichtet. Eine andere Frage ist aber, wie sinnvoll es ist, in der pädagogischen Auseinandersetzung mit den hier in Rede stehenden Meinungen und Einstellungen vor allem die eigene politische Haltung im Unterricht zum Ausdruck zu bringen. Beim Zeigen von Haltung geht ja gerade nicht um Diskurs, Offenheit und Neugierde auf die Sichtweisen anderer, sondern um solche „politischen Mitteilungen, die Entschiedenheit, Unverhandelbarkeit und Widerstand zu Ausdruck bringen". Es geht bei der Forderung nach Haltung darum, dass „eine bestimmte Normalität, zumindest für den Moment der Haltungsdemonstration, wiederhergestellt" wird.[281] Dies kann auch im Unterricht in bestimmten Situationen notwendig sein, insbesondere bei Regelverstößen. Ansonsten kann aber das demonstrative Zeigen einer politischen Haltung durch den Lehrer in der politischen Bildung Gesprächs- und damit Lernmöglichkeiten auch verschließen.

Notwendig ist hingegen, dass Lehrerinnen und Lehrer, wie oben bereits gesagt, die Leitidee der Bildung ihrem persönlichen Auftreten glaubhaft repräsentieren. Bildung ist auch ein Habitus, wenngleich dieser sich in sehr vielfältigen Formen zeigen kann (vgl. Kapitel 1) – und insofern eine Haltung zu den Gegenständen, um die es in der Schule geht.

Zwischen Kooperation und Integration: politische Bildung im Kontext der gesellschaftswissenschaftlichen Fächer

Politische Bildung in der Schule ist mehr als ein Unterrichtsfach. Sie muss darüber hinaus als Unterrichtsprinzip weiterer Fächer und als politisch reflektiertes soziales Lernen verstanden werden. Idealerweise sollte sie als curriculares Netzwerk gedacht und realisiert werden, in dem das Unterrichtsfach mit den weiteren Dimensionen politischer Bildung verknüpft wird.

Dieses traditionsreiche Problemfeld soll hier nicht in aller Breite erörtert werden.[282] Im Folgenden soll lediglich *ein* Feld näher beleuchtet werden, in dem sich in jüngster Zeit eine beträchtliche Dynamik entwickelt hat: der Zusammenhang zwischen den Fachgebieten Politik (unter Einschluss von politikwissenschaftlichen, soziologischen und rechtswissenschaftlichen Perspektiven), Wirtschaft, Geschichte und Geographie, die in den Schulen in der Regel in einem Lernbereich Gesellschaft mehr oder weniger lose verbunden sind. Auf der schulpraktischen Ebene gibt es hier eine neue Dynamik, da inzwischen in den meisten deutschen Bundesländern sowie in Österreich und der Schweiz Integrationsfächer entstanden sind, die mehrere Fachgebiete oder den gesamten Bereich der Gesellschaftswissenschaften in einem gemeinsamen Unterrichtsfach integrieren. In Deutschland ist das sehr häufig der Fall in den neuen Schulformen, die aus dem Zusammenschluss von Haupt- und Realschulen sowie in Gesamtschulen auch von Gymnasien entstanden sind.[283] Auf der Ebene der Wissenschaft wurde 2010 mit der

Gründung der *zeitschrift für didaktik der gesellschaftswissenschaften (zdg)* erstmals ein gemeinsames wissenschaftliches Forum für die Fachdidaktiken im Lernbereich Gesellschaft geschaffen.

Gleichwohl mangelt es bislang einem wissenschaftlich überzeugenden und konsensfähigen Modell für eine vollständige Integration der gesellschaftswissenschaftlichen Fächer in der Schule. Die Aufgabe einer solchen Integration ist in theoretischer Hinsicht anspruchsvoll, denn sie muss die Idee der Fächerintegration auf plausible Weise mit der beträchtlichen disziplinären Vielfalt zusammendenken, die die Wissenschaftslandschaft in den Gesellschaftswissenschaften prägt. Wenn *eines* der aus heutiger Sicht unerlässlichen didaktischen Prinzipien des Unterrichts (nicht nur) in den gesellschaftswissenschaftlichen Fächern das der Wissenschaftsorientierung ist, dann müssen bestimmte *Fallstricke* umgangen werden, in die ein fächerintegrierender Unterricht durchaus geraten kann:

- *die Illusion der ‚Ganzheitlichkeit'*: Schulische Fächerintegration kann die Vielfalt differenter Weltzugänge in den modernen Wissenschaften nicht aufheben und kein einheitliches Weltverstehen vermitteln. Wo die Schule als Ort der Einheitlichkeit gegen die Unübersichtlichkeit der Welt konstruiert wird, droht die Gefahr der Ideologisierung.
- *der Vorwurf des ‚Landesverrats'*: Fächerintegration weckt in den beteiligten Fächern leicht die Angst vor dem Untergang des je eigenen Faches durch die Dominanz anderer Disziplinen. Tatsächlich *kann* es ein Risiko von Fächerintegration sein, dass die innere Logik eines Teilfaches andere gänzlich dominiert; ein Verständnis politischer Bildung als Anhang an den chronologischen Geschichtsdurchgang wäre hierfür ein Beispiel.
- *der Verdacht des ‚Dilettantismus'*: Hiermit sind Befürchtungen gemeint, die fachliche Breite eines Integrationsfaches müsse zwangsläufig zu Qualitätsverlusten durch fachfremd erteilten Unterricht führen, da die Lehrenden nicht alle beteiligten Fächer studiert haben können. Es mag ein etwas

platter, aber eben doch auch nicht ganz falscher Gegeneinwand sein, dass es immer noch besser ist, wenn ein Geschichtslehrer Politik oder eine Politiklehrerin Geographie im Rahmen eines Integrationsfaches mit verantworten, als wenn Lehrer mit der Fakultas für Mathematik und Englisch ein gesellschaftswissenschaftliches Fach unterrichten, nur damit sie als Klassenlehrer mehr Stunden in der eigenen Klasse haben, was durchaus vorkommt. Hedtke hat darüber hinaus in einer gründlichen Analyse des Verhältnisses von Schulfächern zu Wissenschaftsdisziplinen das „Fachlehrerparadox" herausgearbeitet: Je „disziplinschärfer" Schulfächer konzipiert sind, je enger sie sich also auf genau eine wissenschaftliche Disziplin stützen, desto größer wird die Zahl der schulischen Fächer und desto kleiner muss der Stundenanteil der einzelnen Fächer notwendigerweise werden – mit der ebenso notwendigen Folge, dass der Anteil fachfremd erteilten Unterrichts steigt, weil in durchschnittlich großen Schulen für Lehrerinnen und Lehrer mit der Facultas für zwei kleine, „disziplinscharfe" Fächer gar nicht genug Stunden zur Verfügung stehen, um ihre Lehrverpflichtung abzudecken.[284] So gesehen, *mindert* Fächerintegration in den Gesellschaftswissenschaften eher das Risiko fachfremden Unterrichts.

Gleichwohl muss ein wissenschaftlich vertretbares Konzept für Fächerintegration solchen Bedenken und Befürchtungen Rechnung tragen, indem es Integration nicht als *Gegenpol* zu disziplinärer Fundierung versteht, sondern disziplinäre Vielfalt gerade zur *Grundlage* der Integration macht. Diese Überlegung basiert auf der unaufhebbaren Spannung zwischen der Komplexität gesellschaftlicher Probleme und Entwicklungen, mit denen alle gesellschaftswissenschaftlichen Schulfächer sich befassen müssen, da sie ja nun einmal junge Menschen auf das Leben in der Gesellschaft vorbereiten, und der je spezifischen Perspektivität, mit denen wissenschaftliche Disziplinen sich mit solchen Problemen und Entwicklungen beschäftigen. Um Beispiele zu nennen: Migration, Europäische Integration oder die Ordnung von Geschlechterbeziehungen sind als solche weder soziologische, politikwissenschaftliche, ökonomische, geographische oder historische Probleme. Sie werden aber von allen diesen Wissenschaften mit deren je spezifischen Perspektiven untersucht.

Nach diesem Verständnis sind es nicht je besondere Ausschnitte aus der Welt, die Wissenschaften konstituieren, sondern je spezifische Fragestellungen und Denkweisen:

> „Die Verschiedenheit der Wissenschaften resultiert nicht daraus, dass sie einen bestimmten vorgängig gegebenen Gegenstand, eine bestimmte exklusive Klasse von Phänomenen, zu ihrem ausschließlich von ihnen zu untersuchenden Gegenstand machen. Auf alle Dinge, Personen und Ereignisse in der Welt können sich alle Wissenschaften forschend beziehen. (...) Die jeweils spezifischen Frageweisen machen die Eigen-Art der Wissenschaftsdisziplinen aus."[285]

Fächerintegrierender Unterricht wird nun den fachlichen Ansprüchen der Teildisziplinen am besten dadurch gerecht, dass er bei der Auseinandersetzung mit seinen Inhalten deren je spezifische Perspektiven zur Geltung bringt. Wie lassen sich diese Perspektiven (in der hier gebotenen Kürze) unterscheiden? In der neueren fachdidaktischen Literatur finden sich dazu in allen gesellschaftswissenschaftlichen Fächern Aussagen in repräsentativen Texten:

- *Geschichte:* Geschichtsunterricht hat es nach heutigem Verständnis nicht mit Vergangenheit ‚an sich' zu tun, denn diese ist unwiederbringlich vergangen. Im Geschichtsunterricht geht um Verständnis von und Erzählungen über Vergangenes, um „dargestellte" Geschichte[286] und die Entwicklung von Geschichtsbewusstsein. Geschichtsbewusstsein lässt sich als „Sinnbildung über Zeiterfahrung" definieren. „Geschichte" ist hiernach zu verstehen als „das Sinngebilde eines Zeitzusammenhangs".[287] Die zentrale Perspektive, mit der der Geschichtsunterricht sich mit menschlichem Zusammenleben befasst, ist die der *Zeit.*

- *Geographie:* „Der spezielle Beitrag des Faches Geographie zur Welterschließung liegt in der Auseinandersetzung mit den Wechselbeziehungen zwischen Natur und Gesellschaft in Räumen verschiedener Art und Größe."[288] Die zentrale Perspektive des Geographieunterrichts ist daher die des *Raumes.*
- *Politik:* Politische Bildung als Fach stützt sich auf einen Politikbegriff, „der sich auf die Regelung von grundlegenden Fragen und Problemen des gesellschaftlichen Zusammenlebens bezieht."[289] Politik in diesem umfassenden Sinn betrifft Strukturen, Entscheidungen und Problemlösungen; der Politikunterricht betrachtet daher Gesellschaften unter der zentralen Perspektive der *Gestaltung.*
- *Wirtschaft:* Ökonomisches Denken und Handeln bezieht sich auf den Umgang mit knappen Gütern. Ökonomische Bildung befasst sich Gesellschaft mit Blick auf das Erfordernis, „mit knappen Mitteln besser (effizienter) zu wirtschaften"[290]; ihre zentrale Perspektive ist daher die der *Knappheit.*

Alle vier hier angesprochenen Fachgebiete beziehen sich aus ihrer jeweiligen Perspektive auf das *gesellschaftliche Zusammenleben der Menschen* (Abb.1). Hierin liegen Gemeinsamkeit und Unterscheidung der Gesellschaftswissenschaften begründet.

Die Bestimmung dieser differenten Perspektiven steht dem tatsächlichen Theorienpluralismus in jeder dieser Wissenschaften nicht entgegen, denn sie lässt unterschiedliche Analysen, Erklärungen und Verständnisse gesellschaftlicher Situationen zu. Auch handelt es sich insofern um *analytische* Trennungen, als im praktischen gesellschaftlichen Leben ebenso wie in dessen Erforschung oftmals nur eine mehrperspektivische Betrachtung Erfolg versprechend ist: Politische Gestaltungsmöglichkeiten hängen meist vom Maß der Verfügbarkeit knapper Güter ab, wirtschaftliches Handeln ist von politischen Regulierungen bestimmt und begrenzt, historisches Denken kann von politischen, wirtschaftlichen und geographischen Perspektiven nicht absehen, das Agieren von Menschen in differenten Räumen ist auch

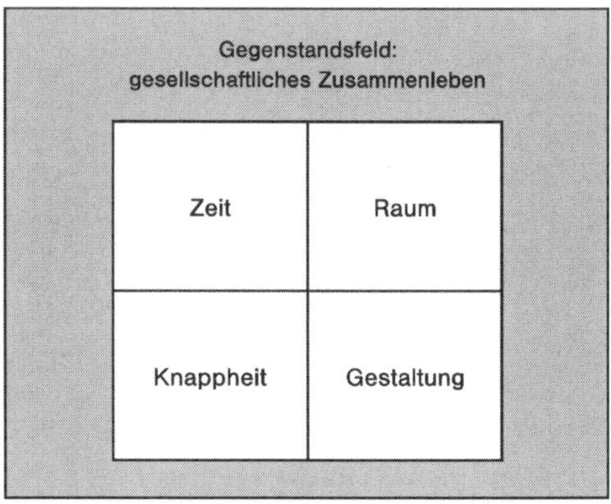

Abb. 1.: Gemeinsamkeit und disziplinenspezifische Perspektiven innerhalb der Gesellschaftswissenschaften

von Traditionen und Machtverhältnissen geprägt usw. Es gibt eben keine ‚rein' geographischen, historischen, ökonomischen oder politischen Phänomene in der Wirklichkeit des gesellschaftlichen Lebens.

Weil konkrete Situationen, Fragen und Probleme des gesellschaftlichen Zusammenlebens in der Regel auf diese Weise komplex sind und dem Einzelnen zunächst nicht durch die Brille disziplinspezifischer Perspektiven begegnen, ist das unverbundene Nebeneinander der gesellschaftswissenschaftlichen Fächer eine gänzlich unbefriedigende Lösung. Es führt einerseits in der Praxis zu großen thematischen Überschneidungen zwischen den Fächern und erfordert andererseits für ein hinreichend komplexes Verständnis vieler Unterrichtsgegenstände Rückgriffe auf die Perspektiven und Forschungen aus jeweils anderen gesellschaftswissenschaftlichen Fächern – Rückgriffe, bei denen es äußerst zweifelhaft ist, ob sie in der Unterrichtspraxis mehr als nur sehr sporadisch stattfinden. Ein neueres Beispiel hierfür sind die Ergebnisse einer Untersuchung des Bildes Israels in deutschen Schulbüchern für die gesellschaftswissenschaftlichen Fächer – von Perspektivenergänzung kann kaum die Rede sein, dagegen aber durchaus von der Verdopplung bzw. Verdreifachung problematischer Verkürzungen bei der Darstellung Israels in diesen Fächern.[291]

Es gibt somit gute Gründe, die für die Integration der gesellschaftswissenschaftlichen Fächer in der Schule zu einem gemeinsamen Fach sprechen. Aus wissenschaftlicher Sicht vertretbar ist eine solche Integration aber nur unter der Voraussetzung, dass in ihm die Beiträge der verschiedenen Wissenschaften, auf die ein solches Fach sich stützt, erkennbar und letztlich auch für die Schülerinnen und Schüler nachvollziehbar sind. Vor dem Hintergrund der oben skizzierten wissenschaftstheoretischen Überlegungen wäre dafür ein Verständnis von Fächerintegration zielführend, das eine multiperspektivische Auseinandersetzung mit Lerngegenständen vorsieht, bei der die disziplinären Perspektiven in den Gesellschaftswissenschaften ergänzend und kontrastierend miteinander verschränkt werden.

Ein solches Verständnis liegt einem Ansatz zur Weiterentwicklung der Social Studies in den USA zugrunde.[292] Das „College, Career, and Civic Life (C3) Framework for Social Studies State Standards“ wurde nach dreijähriger Entwicklung unter Beteiligung von 15 Fachorganisationen sowie Experten aus mehreren US-Bundesstaaten erarbeitet und wendet sich einerseits an die Verantwortlichen für Schulstandards in den Bundesstaaten und andererseits an Praktiker in Schulen und der lokalen Schulverwaltung. Das C3-Framework will beiden Adressatengruppen Orientierungen für die künftige Entwicklung der Social Studies anbieten.

Im Zentrum des Konzepts des C3-Frameworks steht die Vorstellung, dass Unterricht in den Social Studies im Sinne forschenden Lernens der Linie eines ‚Untersuchungsbogen‘ (inquiry arc) folgen soll. Ausgangspunkt eines Lernvorhabens ist hiernach eine herausfordernde *Fragestellung*, die in den vorliegenden Beispielen auch konkret in Form einer Frage formuliert ist. Zu dieser Themenfrage sollen konkretisierende Untersuchungsfragen formuliert werden, die von disziplinspezifischen Perspektiven ausgehen. Als ein Beispiel hierfür wird als Themenfrage genannt: „What does liberty look like?" Aus disziplinspezifischer Perspektive darauf bezogene Untersuchungsfragen könnten dann sein:[293]

- „Civics: What is the line between liberty and responsibility?"
- „Geography: How does liberty change from place to place?"
- „History: When did Americans gain their liberty?"
- „Economics: Does more liberty mean more prosperity?"

Für die Beantwortung solcher Untersuchungsfragen soll der Unterricht disziplinspezifische Konzepte und Vorgehensweisen nutzen: „These diciplinary ideas are the lenses students use in their inquiries, and the consistent and coherent application of theses lenses throughout the grades should lead to deep and enduring understanding."[294] Das C3-Framework beschreibt diese Entwicklung fachlichen Verstehens und die dabei zu erwerbenden Konzepte und Methoden ausführlich in Form von schulstufenbezogenen Kompetenzstandards. Mit Hilfe solcher fachlicher Tools untersuchen die Schülerinnen und Schüler im Unterricht für die jeweilige Untersuchungsfrage geeignete Quellen und Materialien und üben sich in sachgerechter Argumentation. Am Ende eines Lernvorhabens präsentieren und diskutieren sie ihre Untersuchungsergebnisse (meist innerhalb, ggf. aber auch außerhalb der Klasse) und prüfen von Fall zu Fall auch mögliche Handlungskonsequenzen.

Die Struktur eines solchen Lernvorhabens lässt sich in der Abfolge von vier Dimensionen idealtypisch darstellen (Abb. 2). Als weitere Themenbeispiele werden im C3-Framework unter anderem genannt: „Was the American Revolution revolutionary?", „How will an increase in the minimum wage affect local job opportunities for teens?" und „Why are there rules?". Diese Beispiele zeigen auch, dass nach dem C3-Framework von Fall zu Fall Themen möglich sind, die näher an einer als an anderen fachlichen Perspektiven liegen.

Das C3-Framework ist ein Beispiel dafür, wie Fächerintegration und disziplinäre Orientierungen im Konzept eines multiperspektivischen Unterrichts in den Gesellschaftswissenschaften zusammengedacht werden können. Gewiss ist dieser Ansatz in vielen Details von der US-amerikanischen Schul- und Wissenschaftskultur geprägt und lässt sich daher nicht einfach unverändert auf den deutschsprachigen Raum übertragen. Auch dürfte die strikte Kompetenzorientierung des Konzepts vor dem Hintergrund der neueren kompetenzkritischen und bildungsorientierten Diskussion als zu einseitig gelten (Kapitel 1). Gleichwohl stellt das C3-Framework einen originellen und weiterführenden Beitrag zur theoretischen Grundlegung fächerintegrierenden Unterrichts in den Gesellschaftswissenschaften dar.

DIMENSION 1: DEVELOPING QUESTIONS AND PLANNING INQUIRIES	DIMENSION 2: APPLYING DISCIPLINARY TOOLS AND CONCEPTS	DIMENSION 3: EVALUATING SOURCES AND USING EVIDENCE	DIMENSION 4: COMMUNICATING CONCLUSIONS AND TAKING INFORMED ACTION
Developing Questions and Planning Inquiries	Civics	Gathing and Evaluating Sources	Communicating and Critquing Conclusions
	Economics		
	Geography	Developing Claims and Using Evidence	Taking Informed Action
	History		

Abb. 2: C3 Framework Organization[295]

Allerdings hätte die praktische Einführung eines solchen Integrationsfaches eine Reihe von weiteren Voraussetzungen, über die eine hinreichende Übereinkunft in Wissenschaft und Politik erst noch erreicht werden müsste. Hierzu gehört, dass ein solches Vorhaben kein Stundensparprogramm sein darf, sondern im Gegenteil von der Absicht geleitet sein müsste, einem solchen Integrationsfach den Status eines ‚Hauptfaches' mit mindestens vier Wochenstunden pro Schuljahr zuzubilligen. Hier können nicht alle Argumente genannt werden, die für eine solche Aufwertung sprechen; es soll hier der pragmatische Hinweis genügen, dass schon jetzt die Sozial-, Wirtschafts- und Rechtswissenschaften (in Deutschland) die bei weitem größte Fächergruppe an den Hochschulen darstellen und dass sich dieser Abstand durch die Hinzurechnung von Geschichte und

Geographie noch einmal vergrößern würde. Gesellschaftswissenschaften sind auch mit Blick auf ihre gesellschaftliche Relevanz alles andere als nur ‚nice to have'.

Eine relativ starke Stellung eines Integrationsfaches im schulischen Fächerkanon wäre wohl auch die Voraussetzung für die Entwicklung eines integrativen Studiengangs für ein solches Fach in der Lehrerbildung. Auch hier sind sehr pragmatische Aspekte zu bedenken: Da im Bereich der Fachwissenschaften eine Integration der verschiedenen für das Schulfach bedeutsamen Disziplinen nicht zu erwarten wäre, müssten die Koordination eines entsprechenden Studiums und dessen konzeptuelle Integration im Wesentlichen von integrativen fachdidaktischen Instituten geleistet werden. Diesen müssten jeweils eine Professur für jeden der vier beteiligten fachlichen Schwerpunkte angehören, was sicher nur unter der Voraussetzung realisierbar wäre, dass es sich um ein in quantitativer Hinsicht großes Studienfach handeln würde. Gewiss wäre es ferner eine Herausforderung, die erforderliche fachwissenschaftliche Breite eines solchen Studiums sicherzustellen. Spielräume hierfür ergeben sich aus der generellen Ausweitung der Studiendauer durch die Umstellung der Lehrerbildung auf das BA/MA-System.

Es gibt somit noch eine ganze Reihe von Wenns und Abers, die bei der Fächerintegration in den Gesellschaftswissenschaften zu bedenken sind. Dies sollte jedoch praktischen Schritten zur Verbesserung der derzeitigen Situation nicht im Wege stehen. Ein Weg dafür wäre die systematische Vernetzung der Fächer im Lernbereich Gesellschaft auf mehreren Ebenen:

- durch Abstimmung der Curricula und anderer Vorgaben wie Bildungsstandards oder Prüfungsrichtlinien schon in der Entwicklungsphase, aber auch auf der Ebene der Einzelschule;
- durch die Bildung von gesellschaftswissenschaftlichen Fachschaften in den Schulen, die ihre Absprachen nicht innerhalb der Einzelfächer, sondern für den Lernbereich treffen und den Lernbereich auch nach außen als Ganzen repräsentieren;

- durch ein Unterrichtsangebot, das sich als Wechsel von Kursen (zu einzelfachlichen Themen) und Projekten (zu integrativen Themen, die auch integrativ zwischen Fächern unterrichtet werden) darstellt.

Bei einem solchen Rahmenmodell könnte es den einzelnen Schulen überlassen werden, in welchem Maße sie die Gesellschaftswissenschaften integrativ unterrichten. Dies könnte sich auch nach Jahrgangsstufen unterscheiden; *ein* denkbarer Weg dabei könnte ein Modell zunehmender Differenzierung sein, bei dem in unteren Klassen integrativ, in höheren mehr und mehr auch fachspezifisch und in der gymnasialen Oberstufe sogar in wählbaren Kursen zu Teilbereichen von Einzelfächern unterrichtet wird, freilich immer verbunden in einem nachvollziehbaren Gesamtkonzept für den Lernbereich Gesellschaft in der jeweiligen Schule.

Eine solche Vernetzungslösung wäre relativ kurzfristig und mit überschaubarem Aufwand realisierbar. Sie setzt im Wesentlichen die Kooperationsbereitschaft und den politischen Willen der betroffenen Fachverbände in den Fachdidaktiken und der Lehrerschaft voraus; wenn beides vorhanden ist, dürfte es keine unlösbare Aufgabe sein, die Bildungspolitik von den erforderlichen (und praktisch kostenneutralen) Schritten zu überzeugen.

Herausforderung Digitalisierung

Zu den Herausforderungen für politische Bildung, die in der jüngsten Zeit mehr und mehr an Bedeutung gewonnen haben, gehört – in der Kapitelfolge dieses Buches last, but not least – der Komplex an technischen, gesellschaftlichen, ökonomischen und politischen Veränderungen, die sich mit Stichwort *Digitalisierung* verbinden.

Der Begriff ‚Digitalisierung' bezeichnet zunächst nur die Kodierung von Daten mit Hilfe eines binären mathematischen Zeichensystems. Im weiteren und heute meist gebräuchlichen Sinn wird unter Digitalisierung die Ersetzung älterer, ‚analoger' Technologien durch solche elektronischen Geräte oder

Techniken bezeichnet, die binär kodierte Daten erzeugen oder verarbeiten. Dies betrifft inzwischen nicht nur Computer als eigenständige Geräte, sondern unzählige Anwendungsbereiche in Wirtschaft, Verkehr, Medien, Freizeit, Gesundheitswesen, Militär, Politik und nicht zuletzt auch im Bildungswesen.

Die Didaktik der politischen Bildung hat sich in vergangenen Jahrzehnten in mehreren Phasen auf unterschiedliche Weise mit der Digitalisierung auseinandergesetzt. In frühen ersten Annäherungen in den 1980er- und 1990er-Jahren waren noch deutlich skeptische Perspektiven zu lesen, die bereits auf Risiken der digitalen Technologien für die Demokratie hinwiesen[296] oder die (befürwortete) Nutzung von Computern im Unterricht vor dem Hintergrund humanistischen Bildungsdenkens als legitimationsbedürftig ansahen[297].

Das änderte sich nach der Jahrtausendwende mit der allgemeinen Durchsetzung des Internets und von Multimedianwendungen. Nun kam es zu einer breiteren Integration digitaler Medien in Theoriebildung, Forschung und Entwicklungsarbeiten in der Didaktik der politischen Bildung. Leitende Perspektive war hierbei meist die Frage, welche neuen Lernchancen sich unter welchen Voraussetzungen für den Unterricht in der politischen Bildung durch den Einsatz digitaler Medien ergeben.[298] Die Vielfalt an potenziellen Lernmedien, die sich hierbei gezeigt hat, lässt sich in einem 2010 erschienenen „Handbuch Medien in der politischen Bildung" erkennen: Hier werden von insgesamt 57 vorgestellten Medien zwölf der Gruppe der digitalen Medien zugeordnet (Blogs, Chat, Computergestützte Präsentation, Computerspiele, Digitale Fotos und Videos, Digitale Globen, E-Mail, Empirische Tools, Podcast/Videopodcast, Suchmaschinen, Virtuelle Lernumgebung, WebQuests).[299] Die Grundhaltung des Fachdiskurses in dieser Phase lässt sich mit Blick auf Digitalisierung als optimistisch bezeichnen; allerdings wurde auch häufig darauf hingewiesen, dass die effektive Nutzung dieser Medien einen stärker schüler- und handlungsorientierten Unterricht mit flexibleren Zeitstrukturen erfordert, als er in der Schulpraxis weithin üblich ist.[300] Oft verbanden sich in dieser Phase mit der Digitalisierung zudem Hoffnungen auf neue Möglichkeiten politischer Partizipation, zu deren Nutzung die politische Bildung die junge Generation befähigen sollte. In Verbindung mit der nach der ersten PISA-Studie sich in dieser Zeit durchsetzenden Kompetenzorientierung (vgl. Kapitel 1) wird seither oftmals von ‚Medienkompetenz' gesprochen, zu deren Förderung politische Bildung beitragen soll.[301] Zwar verstand sich in dieser Phase politische Bildung mit Blick auf Digitalisierung durchaus nicht als bloßes Techniktraining. Aber es ging nun doch stärker um die Nutzung digitaler Medien als um die Reflexion der Digitalisierung selbst aus einer gedachten Außenperspektive. Diese Nutzung sollte zwar reflexiv und im Bewusstsein möglicher Risiken – Stichwort Datenschutz – vonstattengehen, aber wegen der optimistischen Erwartungen eben doch auf produktive Weise gefördert werden.

Etwa seit Mitte der 2010er-Jahre ändert sich der Blickwinkel in der politischen Bildung auf die Digitalisierung erneut. Nunmehr finden im gesellschaftlichen und politischen Diskurs die mit der Digitalisierung verbundenen Risiken und Gefahren mehr und mehr Aufmerksamkeit. Hierzu gehören vor allem:

- Risiken für die Demokratie (Gefährdung demokratischer Öffentlichkeit durch Filterblasen in sozialen Netzwerken, ‚Fakenews', Social Bots und Schwächung der Gatekeeper-Funktion traditioneller Qualitätsmedien; Förderung von Populismen und Extremismen durch deren leichte Verbreitung und Vernetzung im Internet);
- Risiken für Freiheit und Selbstbestimmung (Datensammlung und Datenhandel; Überwachungssysteme; algorithmisierte Verhaltenssteuerung, Big Data);
- Risiken für die Sicherheit (Cybercrime und Cyberwar);
- Risiken für die Infrastruktur (Hackerangriffe auf Versorgungsnetze oder Institutionen wie Krankenhäuser oder Verkehrsbetriebe);

- Risiken für die Marktwirtschaft (Zusammenballung von Marktmacht bei wenigen Großunternehmen aus der ‚Digitalisierungsindustrie‘);
- Risiken für zivilisatorische Standards (Verbreitung von ‚Hate Speech‘ und von gewaltaffinen Kommunikationsgemeinschaften im Internet);
- Risiken für das kulturelle Gedächtnis (kurze Lebensdauer aller existierenden Speichermedien für digitale Daten, hohe Kosten für zuverlässige Speicherung mit der Zeitperspektive von einigen Jahrzehnten, keine konkreten Lösungen für Langzeitarchivierung, die auch nur annährend an die Lebensdauer von Büchern – bis mehrere Hundert Jahre – heranreichen[302]).

Diese Risiken sind inzwischen zu hoch relevanten Themen des öffentlichen Diskurses und zumindest in Teilen auch der Politik auf nationaler und europäischer Ebene sowie der fachdidaktischen Debatten zur politischen Bildung geworden.[303] In jüngster Zeit sind noch die vorerst unabsehbaren Risiken durch ‚künstliche Intelligenz hinzugekommen. Bei allen diesen Risiken handelt sich nicht um bloß theoretische Befürchtungen, sondern um Bedrohungen, die sich an einer Vielzahl von konkreten Ereignissen, Entwicklungen und Strukturen zeigen.

Zugleich stellen sie damit neue inhaltliche Themenbereiche für politische Bildung dar. Es handelt sich dabei um Themen, die Grundlagen des gesellschaftlichen Zusammenlebens, der Wirtschaftsordnung und des politischen Systems berühren. Sie sind für politische Bildung von einer fundamentalen, nicht nur tagesaktuellen Bedeutung; die Folgen der Digitalisierung stellen ein politisches Problemfeld dar, dessen gedankliche Durchdringung auf absehbare Zeit für ein reflektiertes Verständnis von Politik in der Gegenwart notwendig ist.

Damit ergeben sich für den Umgang mit der Digitalisierung in der politischen Bildung neue Prioritäten. Weniger die Implementation digitaler Medien als Lernmedien in den Unterricht sollte nunmehr im Fokus von Theorie und Praxis politischer Bildung stehen als vielmehr die inhaltliche Auseinandersetzung mit den Folgen der Digitalisierung als einer politischen Herausforderung.

Damit ist die praktische Nutzung digitaler Medien im Unterricht nicht ausgeschlossen. Sie ist sogar insoweit unumgänglich, als sich die politische Kommunikation, die jeweils Gegenstand ist, selbst in digitalen Medien wie Nachrichtendiensten oder sozialen Medien bewegt. Allerdings sind Ausmaß und Grenzen sinnvoller Nutzung digitaler Technologien in Bildungseinrichtungen, insbesondere in Schulen, heute stark umstritten. Die kontroversen Positionen reichen von den Forderungen nach der ‚kreidefreien Schule' und der regelmäßigen Einbeziehungen privater Geräte (‚bring your own device') bis zum Verbot des Gebrauchs von Geräten wie Smartphones oder Tablets bis zu einer gewissen Altersstufe (etwa bis zum Ende der Sekundarstufe I) als Regelfall, wie es 2018 in einem französischen Gesetz festgelegt wurde. Zutreffend dürfte Jürgen Kaubes These sein: „‚Auf jeden Fall Computer' ist keine verständige Devise, und sie hat gegenüber älteren Varianten wie ‚Auf jeden Fall Goethe' oder ‚Auf jeden Fall Latein' keinen Vorzug."[304]

Wie aus der Zeit gefallen wirkt dagegen ein 2016 von der deutschen Kultusministerkonferenz beschlossenes Strategiepapier mit dem Titel „Bildung in der digitalen Welt".[305] Von den oben genannten Risiken der Digitalisierung ist darin allenfalls indirekt und ganz am Rande die Rede. Mit insgesamt 61 Kompetenzen soll die nächste Generation sich in die Digitalisierungsprozesse einpassen lernen, denn genau darum geht es am Ende in diesem Papier. Mit gutem Willen lassen sich vier oder fünf Kompetenzformulierungen finden, die man im Sinn von Bildung als kritischer Reflexion und Urteilsbildung interpretieren könnte. Der Rest ist Technik-Training. Hier ist von Bildung als reflexiver Distanz, von der Seite der Ent-Bindung gegenüber scheinbar selbstverständlichen gesellschaftlichen und kulturellen Gegebenheiten und Entwicklungen, kaum mehr etwas zu erkennen.

Auf ein bislang im Fachdiskurs der politischen Bildung noch kaum wahrgenommenes Problem im Zusammenhang mit Digitalisierung machen Ergebnisse der Leseforschung aufmerksam. Das Forschungsnetzwerk E-READ, das die Entwicklung des Lesens angesichts der Digitalisierung untersuchte und an der knapp 200 Wissenschaftler aus ganz Europa beteiligt waren, hat 2019 seine wichtigsten Ergebnisse für ein breiteres Publikum in der „Stavanger-Erklärung" zusammengefasst. Darin heißt es unter anderem:

„Eine Metastudie von vierundfünfzig Studien mit zusammen mehr als 170 000 Teilnehmern zeigt, dass das Verständnis langer Informationstexte beim Lesen auf Papier besser ist als beim Bildschirmlesen, insbesondere wenn die Leser unter Zeitdruck stehen. Bei narrativen Texten wurden keine Unterschiede festgestellt. Entgegen den Erwartungen zum Verhalten von ‚digital natives' hat diese Unterlegenheit des Bildschirms gegenüber dem Papier in den vergangenen Jahren eher noch zu- als abgenommen, und zwar unabhängig vom Alter und von Vorerfahrungen mit digitalen Umgebungen."[306]

Sachbücher und längere Zeitungs- und Zeitschriftenbeiträge sind aber zentrale Medien des politischen Diskurses. Die Fähigkeit, mit ihnen sachgerecht umzugehen, ist für tieferes Verstehen von im weitesten Sinn politischen Fragen und Problemen notwendig. Es ist daher zu erwarten, dass die zunehmende Verlagerung von Zeitungen vom gedruckten Format zu Onlineausgaben allein schon wegen dieses Medienwechsel das Verstehen und die analytische Verarbeitung von politikbezogenen längeren Texten verschlechtert. Hinzu kommt, dass auch der Zeitaufwand, den Menschen für die Lektüre solche Texte infolge von deren Verlagerung ins Internet sinkt: „Während bei den Lesern insgesamt die Lektüre von Tageszeitungen im Jahre 1980 noch durchschnittlich 38 Minuten (und 11 Minuten für Zeitschriften) täglich in Anspruch genommen hatte, nahm die Nutzungsdauer (...) im Jahr 2020 auf 15 Minuten (für Zeitungen und Zeitschriften zusammengenommen) ab." Dies wird durch Onlinelektüre nicht kompensiert, denn hier beträgt „die tägliche Nutzungsdauer der digital gelesenen Texte in der Gesamtbevölkerung (...) 18 Minuten insgesamt, davon 6 Minuten für Zeitungen und Zeitschriften."[307]

Für die politische Bildung, die letztlich auf eine intensive gedankliche Auseinandersetzung mit komplexen Fragen zielt, sind dies alarmierende Befunde. Ihnen wird sich schwerlich durch verstärkten Einsatz digitaler Medien im Unterricht entgegenwirken lassen. Im Gegenteil: Politische Bildung sollte in ihrem eigenen Interesse wie im Interesse der Förderung von allgemeiner Bildung der Heranführung junger Menschen an Lektüre und Verstehen anspruchsvoller Texte auf Papier große Aufmerksamkeit widmen und insofern im Rahmen ihrer begrenzten Möglichkeiten ein gewisses Gegengewicht gegen die Dominanz digitaler Medien im Alltag von Kindern und Jugendlichen darstellen. Denn auch in dieser Hinsicht besteht Bildungsförderung in der Schule nicht in der Verdoppelung von Bestärkung dessen, was Schülerinnen und Schüler aus ihrem Alltag und ihrer bisherigen Lebenserfahrung schon kennen, sondern in der Ermöglichung neuer Erfahrungen und persönlicher Entwicklung gerade in der Begegnung mit ihnen noch nicht oder wenig bekannten Aspekten menschlicher Kultur.

Anmerkungen

1 Klafki, Wolfgang: Studien zur Bildungstheorie und Didaktik. 7. Aufl., Weinheim 1965, S. 92; zit. nach Blankertz, Herwig: Theorien und Modell der Didaktik. 8. Aufl., München 1974, S. 33
2 In einem Interview in Cicero 3/2007, S. 53
3 Einen guten Überblick hierzu gibt Becker, Helmut et al.: Das Curriculum. Praxis, Wissenschaft und Politik. 3. Aufl., München 1977
4 Für die politische Bildung wurden diese Aporien der Lernzielorientierung bereits kritisch analysiert bei Geiger, Wolfgang: Lernziele und politischer Unterricht. Über die Grenzen der Lernzielorientierung. In: Gegenwartskunde 1/1974
5 Vgl. vor allem Heydorn, Heinz-Joachim: Über den Widerspruch zwischen Bildung und Herrschaft. Frankfurt/M. 1970
6 Vgl. Horkheimer, Max: Begriff der Bildung [1952]. In: ders.: Gesammelte Schriften. Bd. 8, Frankfurt/M. 1985
7 Dies wurde freilich schon 1903 von Friedrich Paulsen, einem der Protagonisten bildungstheoretischen Denkens, in einem einschlägigen Handbuchartikel kritisiert; vgl. Paulsen, Friedrich: Bildung. In: Rein, Wilhelm (Hg.): Enzyklopädisches Handbuch der Pädagogik. Bd. 1, 2. Aufl., Jena 1903
8 Vgl. zur Kritik der ‚Emanzipationspädagogik' rückblickend auch Sander, Wolfgang: Nach der Emanzipationspädagogik – Marginalien zu einer notwendigen Historisierung. In: Politisches Lernen 3–4/2006
9 Vgl. Fuhrmann, Manfred: Der europäische Bildungskanon. Leipzig 2004, S. 117 ff.
10 Roth, Heinrich: Pädagogische Anthropologie II. Entwicklung und Erziehung. Grundlagen einer Entwicklungspädagogik. Hannover 1971, S. 180
11 Vgl. Massing, Peter: Kategoriale Bildung und Handlungsorientierung im Politikunterricht. In: kursiv – Journal für politische Bildung 2/2000
12 Vgl. Sutor, Bernhard: Politische Bildung als Praxis. Grundzüge eines didaktischen Konzepts. Schwalbach/Ts. 1992
13 Vgl. Negt, Oskar: Kindheit und Schule in einer Welt der Umbrüche. Göttingen 1997
14 Vgl. Henkenborg, Peter: Politische Bildung als Kultur der Anerkennung. In: kursiv – Journal für politische Bildung 2/2000
15 Vgl. Bundesministerium für Bildung und Forschung (Hg.): Zur Entwicklung nationaler Bildungsstandards. Eine Expertise. Bonn 2003
16 Ebd., S. 72

17 Vgl. Weinert, Franz E.: Vergleichende Leistungsmessung an Schulen – eine umstrittene Selbstverständlichkeit, in: ders. (Hg.), Leistungsmessungen an Schulen, Weinheim und Basel 2001
18 Bundesministerium, a.a.O., S. 23
19 Vgl. ebd., S. 48 f.
20 Bayerisches Staatsministerium für Arbeit und Sozialordnung, Familien und Frauen/Staatsinstitut für Frühpädagogik (Hg.): Bildung, Erziehung und Betreuung von Kindern in den ersten drei Lebensjahren. Handreichungen zum Bayerischen Bildungs- und Erziehungsplan für Kinder in Tageseinrichtungen bis zur Einschulung. München 2010, S. 14
21 Vgl. beispielhaft die Qualitätsstandards des Bundesverbands Trauerbegleitung (https://bv-trauerbegleitung.de/standards/qualitaetsstandards/, 7.2.2020, inzwischen in Überarbeitung)
22 Vgl. Sander, Wolfgang: Die Kompetenzblase – Transformationen und Grenzen der Kompetenzorientierung, in: zeitschrift für didaktik der gesellschaftswissenschaften (zdg) 1/2013
23 Vgl. Weißeno, Georg/Detjen, Joachim/Juchler, Ingo/Massing, Peter/Richter, Dagmar: Konzepte der Politik. Ein Kompetenzmodell. Schwalbach/Ts. 2010; Autorengruppe Fachdidaktik: Konzepte der politischen Bildung. Eine Streitschrift. Schwalbach/Ts. 2011
24 Hoffmann, Karl W./Dickel, Mirka/Gryl, Inga/Hemmer, Michael: Bildung und Unterricht im Fokus der Kompetenzorientierung. Aktuelle Anfragen an die Geographiedidaktik. In: Geographie und Schule Nr. 195, 2012
25 Vgl. Retzmann, Thomas/Seeber, Günther/Remmele, Bernd/Jongenbloed, Hans-Carl: Ökonomische Bildung an allgemeinbildenden Schulen. Bildungsstandards, Standards für die Lehrerbildung. Im Auftrag vom Gemeinschaftsausschuss der deutschen gewerblichen Wirtschaft unter Vorsitz des ZDH, Essen/Lahr/Kiel 2010; Hedtke, Reinhold/Famula Gerd/Fischer, Andreas/Weber, Birgit/Zurstrassen, Bettina: Für eine bessere ökonomische Bildung! Hg. von der Initiative für eine bessere ökonomische Bildung, Bielefeld 2010
26 Pandel, Hans-Jürgen: Kompetenzen – ein Rückblick nach zwölf Jahren. In: geschichte heute 1/2016, S. 21
27 So zeigt eine Übersicht politikdidaktischer Dissertationen und Habilitationen von 2014 bis 2020 in einem Papier der Gesellschaft für Fachdidaktik, dass von 46 Arbeiten lediglich eine (aus dem Jahr 2015) den Begriff der Kompetenz im Titel führt. Selbst wenn man in Rechnung stellt, dass eine kleine Zahl weiterer Arbeiten indirekten Bezug auf bestimmte Problemstellungen aus der Kompetenzdebatte nimmt

(wie etwa die Entwicklung konzeptuellen Wissens), ist doch der Relevanzverlust dieser Debatte für die Fachdidaktik nicht zu übersehen (https://www.fachdidaktik.org/wp-content/uploads/2022/07/Anlage-XX-zu-T-16-Fachdidaktische-Promotionen-und-Habilitationen-2014-2020-Stand-2022-06-30.pdf, 26.4.2023).

28 Pandel, Kompetenzen, a.a.O., S. 21

29 Vgl. GPJE (Gesellschaft für Politikdidaktik und politische Jugend- und Erwachsenenbildung): Nationale Bildungsstandards für den Fachunterricht in der Politischen Bildung an Schulen. Schwalbach/Ts. 2003

30 Herrmann, Ulrich: „Bildung", „Kompetenz" – oder was? In: Vierteljahresschrift für wissenschaftliche Pädagogik 2/2012, S. 496

31 Vgl. z.B. Bieri, Peter: Wie wäre es, gebildet zu sein? In: Göppel, Rolf et al. (Hg.): Bildung ist mehr. Potentiale über PISA hinaus. Heidelberg 2008; Spaemann, Robert: Wer ist ein gebildeter Mensch? Aus einer Promotionsrede. In: ders.: Grenzen. Zur ethischen Dimension des Handelns. Stuttgart 2001

32 Duncker, Ludwig: Politische Bildung aus schultheoretischer Sicht. Sondierungen – Analysen – Perspektiven. In: Besand, Anja/Gessner, Susann (Hg.): Politische Bildung mit klarem Blick. Frankfurt/M. 2018, S. 112

33 Vgl. seit 2010 vor allem: Duncker, Ludwig: Didaktische Reflexivität in Schule und Unterricht. München 2021; Roß, Jan: Bildung – eine Anleitung, Berlin 2020; Lesch, Harald/Forstner, Ursula: Wie Bildung gelingt. Ein Gespräch, Darmstadt 2020; Tenorth, Heinz-Elmar: Die Rede von Bildung. Tradition, Praxis, Geltung – Beobachtungen aus der Distanz. Berlin 2020; Conrad, Anne/Maier, Alexander/Nebgen, Christoph (Hg.): Bildung als Aufklärung. Historisch-anthropologische Perspektiven. Wien 2020; Rieger-Ladich, Markus: Bildungstheorien zur Einführung. Hamburg 2019; Böttcher, Wolfgang/Heinemann, Ulrich/Priebe, Botho (Hg.): Allgemeinbildung im Diskurs. Plädoyer für eine Kernaufgabe der Schule, Hannover 2019; Liessmann, Konrad Paul: Bildung als Provokation, München 2019; Kursbuch 193: 301 Gramm Bildung, Hamburg 2018; Gruschka, Andreas: Der Bildungs-Rat der Gesellschaft für Bildung und Wissen, Opladen/Berlin/Toronto 2015; Lenzen, Dieter: Bildung statt Bologna! Berlin 2014; Nida-Rümelin, Julian: Philosophie einer humanen Bildung, Hamburg 2013; Koller, Hans-Christoph: Bildung anders denken. Einführung in die Theorie transformatorischer Bildungsprozesse, Stuttgart 2012

34 Vgl. hierzu aus meiner Sicht Sander, Wolfgang: Bildung – ein kulturelles Erbe für die Weltgesellschaft. Frankfurt/M. 2018

35 Humboldt, Wilhelm von [1793]: Theorie der Bildung des Menschen. Bruchstück. In: Tenorth, Heinz-Elmar (Hg.): Allgemeine Bildung. Analysen zu ihrer Wirklichkeit, Versuche über ihre Zukunft. Weinheim und München 1986, S. 34

36 Vgl. zum Begriff der Dialektik mit Blick auf politische Bildung auch Müller, Stefan: Die Wiederentdeckung der Dialektik in der politischen Bildung. In: zeitschrift für didaktik der gesellschaftswissenschaften (zdg) 1/2023

37 Adorno, Theodor W. [1959]: Theorie der Halbbildung. In: ders.: Gesammelte Schriften. Bd. 8, Frankfurt/M. 1972, S. 94

38 Bieri, Peter: Wie wollen wir leben? 3. Aufl., St. Pölten und Salzburg 2011, S. 62

39 Vgl. Reckwitz, Andreas: Die Gesellschaft der Singularitäten. 5. Aufl., Berlin 2019

40 Abbott, Andrew: „Welcome to the University of Chicago". Supplement zu Forschung & Lehre 8/2007, S. 14

41 Vgl. z.B. in diesem Sinn kritisch zur Reformpädagogik des frühen 20. Jahrhunderts Baader, Meike Sophie: Erziehung als Erlösung. Transformationen des Religiösen in der Reformpädagogik. Weinheim und München 2005

42 Herrmann, a.a.O., S. 491 f.

43 Spaemann, a.a.O., S. 224 ff.

44 Vgl. Sander, Wolfgang: Politik entdecken – Freiheit leben. Didaktische Grundlagen politischer Bildung. 4. Aufl., Schwalbach/Ts., S. 75 ff.

45 Vgl. Petri, Annette: Emotionssensibler Politikunterricht. Konsequenzen aus der Emotionsforschung für Theorie und Praxis politischer Bildung, Frankfurt/M. 2018; Reichenbach, Roland: Politische Bildung als Herzensbildung. In: Besand, Anja/Gessner, Susann (Hg.): Politische Bildung mit klarem Blick. Frankfurt/M. 2018; Besand, Anja/Overwien, Bernd/Zorn, Peter (Hg.): Politische Bildung mit Gefühl. Bonn 2019; Frech/Siegfried/Richter, Dagmar (Hg.): Emotionen im Politikunterricht. Frankfurt/M. 2019; Schröder, Hendrik: Emotionen und politisches Urteilen. Eine politikdidaktische Untersuchung. Wiesbaden 2020; Petri, Annette: Emotionen und politisches Lernen. In: Sander, Wolfgang/Pohl, Kerstin (Hg.): Handbuch politische Bildung. 5., vollständig überarbeitete Aufl., Frankfurt/M. 2022

46 Petri, Emotionssensibler Politikunterricht, a.a.O., S. 53

47 Petri, Annette: Unbehagen gegenüber Neid entwickeln – ein Ziel politischer Bildung? Über Emotionen in Prozessen politischer Bildung. In: Besand/Overwien/Zorn, a.a.O., S. 203

48 Bieri, Wie wollen wir leben? A.a.O., S. 19

49 Vgl. Sander, Wolfgang: Politik in der Schule. Kleine Geschichte der politischen Bildung in Deutschland. 3. Aufl., Marburg 2013, S. 137 ff.

50 Vgl. den Versuch der Explikation dieses Paradigmas bei Sander, Politik entdecken – Freiheit leben, a.a.O., S. 28 ff.

51 Wehling, Hans-Georg: Konsens à la Beutelsbach? In: Schiele, Siegfried/Schneider, Herbert (Hg.): Das Konsensproblem in der politischen Bildung. Stuttgart 1977, S. 179

52 GPJE, a.a.O., S. 9

53 Autorengruppe Fachdidaktik, Konzepte der politischen Bildung, a.a.O., S. 14

54 Rieger-Ladich, Markus: Mündigkeit als Pathosformel. Beobachtungen zur pädagogischen Semantik. Konstanz 2002

55 Eis, Andreas: Mythos Mündigkeit – oder Erziehung zum funktionalen Subjekt? In: Widmaier, Benedikt/Overwien, Bernd (Hg.): Was heißt heute Kritische Politische Bildung? Schwalbach/Ts. 2013

56 Vgl. auch Goll, Thomas: Mündige Bürger/-innen als Ziel der Politikdidaktik In: Weißeno, Georg/Ziegler, Béatrice (Hg.): Handbuch Geschichts- und Politikdidaktik. Wiesbaden 2021

57 Zit. nach Bahr, Erhard (Hg.): Was ist Aufklärung? Thesen und Definitionen. Stuttgart 1974, S. 3

58 Kant, Immanuel: Beantwortung der Frage: Was ist Aufklärung? In: Berlinische Monatsschrift, Dezember 1784; hier zit. nach URL: https://www.ph-ludwigsburg.de/fileadmin/subsites/3b-asop-t-01/user_files/Kleinbach/Veranstaltungen/WS0506_Menschenbilder/kant1784.pdf, S. 1 (21.3.2021)

59 Ebd., S. 2

60 Rieger-Ladich, Mündigkeit als Pathosformel, a.a.O., S. 176

61 Kant, a.a.O., S. 1

62 Vgl. Dammer, Karl-Heinz: „Was ist Mündigkeit?“ – Versuch einer historisch-systematischen Antwort im Anschluss an Kant. In: ders./Wortmann, Karl: Mündigkeit. Didaktische, bildungstheoretische und politische Überlegungen zu einem schwierigen Begriff. Baltmannsweiler 2014, S. 58

63 Kant, a.a.O., S. 3

64 Vgl. hierzu ausführlicher Sander, Wolfgang: Europäische Identität. Die Erneuerung Europas aus dem Geist des Christentums. Leipzig 2022, S. 99 ff.

65 Vgl. z.B. Pinker, Steven: Aufklärung jetzt. Für Vernunft, Wissenschaft, Humanismus und Fortschritt. Eine Verteidigung. Frankfurt/M. 2018.

Eine luzide Kritik Pinkers findet sich bei Gray, John: Unenlightened thinking: Steve Pinker's embarrassing new book is a feeble sermon for rattled liberals. In: New Statesman online vom 22.2.2018, URL: https://www.newstatesman.com/culture/books/2018/02/unenlightened-thinking- steven-pinker-s-embarrassing-new-book-feeble-sermon (21.3.2021)

66 Vgl. z.B. Gabriel, Markus/Horn, Christoph/Katsman, Anna/Krull, Wilhelm/Lippold, Anna Luisa/Pelluchon, Corine/Venzke, Ingo: Auf dem Weg zu einer Neuen Aufklärung. Ein Plädoyer für zukunftsorientierte Geisteswissenschaften. Bielefeld 2022

67 Vgl. Angenendt, Arnold: Toleranz und Gewalt. Das Christentum zwischen Bibel und Schwert. Münster 2018, S. 222 ff.

68 Vgl. Lehner, Ulrich L.: Die katholische Aufklärung. Weltgeschichte einer Reformbewegung. Paderborn 2017

69 Vgl. Conrad, Sebastian: Enlightenment in Global History: A Historical Critique. In: The American Historical Review, Volume 117, Issue 4, October 2012

70 Vgl. Bellaigue, Christopher de: Die islamische Aufklärung. Der Konflikt zwischen Glaube und Vernunft 1798 bis heute. Frankfurt/M. 2018

71 Vgl. Conrad/Maier/Nebgen, a.a.O.

72 Mendelssohn, Moses: Über die Frage: was heißt aufklären? [1784] In: Bahr, a.a.O., S. 4

73 Ebd., S. 4

74 Ebd., S. 5

75 Ebd., S. 7

76 Vgl. dazu ausführlicher Sander, Europäische Identität, a.a.O., S. 107 ff.

77 Als solche sieht Karl-Heinz Dammer das Mündigkeitsverständnis von Heinz-Joachim Heydorn; vgl. Dammer, Karl-Heinz: Bildungstheoretische Zugänge zur Mündigkeit. In: Dammer/Wortmann, a.a.O., S. 114 ff.

78 Vgl. die zahlreichen Beispiele bei Hepfer, Karl: Freiheit – eine Inventur. Zwischen Betreuungspolitik und digitaler Selbstentmündigung. Bielefeld 2023

79 Adorno, Theodor W.: Erziehung zur Mündigkeit. Vorträge und Gespräche mit Hellmut Becker 1959–1969, hg. von Gerd Kadelbach. Frankfurt/M. 1969 (im Folgenden zit. nach der 4. Aufl. 1975)

80 Vgl. Dammer, Bildungstheoretische Zugänge zur Mündigkeit, a.a.O., S. 103

81 Horkheimer, Max/Adorno, Theodor W.: Dialektik der Aufklärung. Frankfurt/M. 1969 [Erstausgabe 1944], S. 9

82 Vgl. die Dokumentation zu diesen Ereignissen unter https://www.studentenbewegung-frankfurt.de/22-04-1969-das-busenattentat/ (26.4.2023)

83 Adorno, Erziehung zur Mündigkeit, a.a.O., S. 88, 95, 97

84 Ebd., S. 144

85 Ebd., S. 107

86 Ebd., S. 145

87 Vgl. zum hier vertretenen Verständnis von Welt und Wirklichkeit Sander, Bildung – ein kulturelles Erbe für die Weltgesellschaft, a.a.O., S. 11 ff.

88 Foucault, Michel: Die Ordnung der Dinge. In: ders.: Die Hauptwerke. Frankfurt/M. 2008

89 Vgl. Paulus, Markus: Die Stellung des Subjekts bei Foucault und Habermas. In: e-Journal Philosophie der Psychologie, Dezember 2009 (http:/www.jp.philo.at/texte/PaulusM1.pdf, 1.10.2017). In den letzten Jahren vor seinem Tod scheint Foucault allerdings unter Rückgriff auf antike Techniken der Selbstsorge um eine Restituierung des Subjektbegriffs bemüht gewesen zu sein, ohne dass er diese Überlegungen aber noch mit Blick auf die Zukunft der modernen Gesellschaft hätte hinreichend ausarbeiten können. Vgl. dazu Foucault, Michel: Subjektivität und Wahrheit. Vorlesungen am Collège de France 1980–1981. Berlin 2016; Frank, Martin: Das Subjekt kommt zurück. In: ZEIT-ONLINE vom 8.7.2004 (www.zeit.de/2004/29/ST-Foucault/komplettansicht?print=true, 26.4.2023)

90 Vgl. die gut verständliche Einführung zu Foucault bei Ladwig, Bernd: Moderne Theorie. Fünfzehn Vorlesungen zur Einführung. 3. Aufl., Frankfurt/M. 2022, S. 161–178. Den schillernden und nur schwer zu rekonstruieren politischen Implikationen geht dieser Sammelband nach: Marchart, Oliver/Martinsen, Renate (Hg.): Foucault und das Politische. Transdisziplinäre Impulse für die politische Theorie der Gegenwart. Wiesbaden 2019

91 Keupp, Heiner: Die Reflexive Modernisierung von Identitätskonstruktionen: Wie heute Identität geschaffen wird. In: Hafeneger, Benno (Hg.): Subjektdiagnosen. Subjekt, Modernisierung und Bildung. Schwalbach/Ts. 2005, S. 79

92 Ebd., S. 73

93 Safranski, Rüdiger: Zeit. Was sie aus uns macht und was wir mit ihr machen. München 2015, S. 70

94 Müller, Stefan/Mende, Janna: Weder getrennt noch eins. Identität, Differenz und die Frage nach Freiheit. In: dies. (Hg.): Differenz und Identität. Konstellationen der Kritik. Weinheim und Basel 2016, S. 9 f.

95 Tze-wan, Kwan: Subjekt und Person. Zwei Selbst-Bilder des modernen Menschen in kulturübergreifender Perspektive. In: Yearbook for Eastern and Western Philosophy 4/2019, S. 355

96 Ebd., S. 362

97 Ebd., S. 364 f.

98 Vgl. einführend Recki, Birgit: Freiheit. Wien 2009; Hepfer: Freiheit – eine Inventur, a.a.O.; aus dem Fachdiskurs der politischen Bildung vgl. Breier, Karl-Heinz: Leitbilder der Freiheit. Politische Bildung als Bürgerbildung. Schwalbach/Ts. 2003 (zu Hobbes, Kant, Sokrates, Montesquieu und Tocqueville) sowie May, Michael: Zielbegriff Freiheit. Negative, positive und deliberative Freiheit in der Politikdidaktik. Schwalbach/Ts. 2005 (zu Berlin, Taylor und Habermas)

99 Diese Unterscheidung geht in der neueren politischen Theoriediskussion zurück auf Isaac Berlin (vgl. Berlin, Issac: Freiheit. Vier Versuche. Frankfurt/M. 1995), findet sich aber implizit aber auch schon bei früheren Autoren, so bei Lessing und Kant.

100 Nitschke, Peter: Über die Relativität der Freiheit in der Demokratie. In: Gantschow, Alexander/Meyer-Heidemann, Christian (Hg.): Bürgerbildung und Freiheitsordnung. Politische Bildung als republikorientierte Praxis. Frankfurt/M. 2023, S. 57

101 Strenger, Carlo: Abenteuer Freiheit. Ein Wegweiser für unsichere Zeiten. Berlin 2017, S. 25 und 36

102 Pohl, Kerstin: Politische Bildung aus gesellschaftstheoretischer Perspektive. Oder: Freiheit statt Gesellschaftstheorie? Braucht die politische Bildung eine gesellschaftstheoretische Begründung? In: Besand/Gessner, Politische Bildung mit klarem Blick, a.a.O., S. 70

103 Vgl. ebd., S. 74 f.

104 Di Fabio, Udo: Die Kultur der Freiheit. München 2005, S. 68

105 Ebd., S. S. 69

106 Vgl. dazu ausführlicher Sander, Bildung – ein kulturelles Erbe für die Weltgesellschaft, a.a.O., S. 71–74

107 Bittner, Rüdiger: Bürger sein. Eine Prüfung politischer Begriffe. Berlin/Boston 2017, vor allem S. 58 und 64; vgl. zur Kritik an Bittner Sander, Wolfgang: Frei von Menschenwürde? Bittners Bild des Bürgers – kritische Anmerkungen aus sozialwissenschaftlicher und theologischer Sicht, i.V.

108 Vgl. u.a. Neumann-Gorsolke, Ute: Gottesebenbildlichkeit (AT). In: WiBiLex. Das wissenschaftliche Bibellexikon im Internet. URL: https://www.bibelwissenschaft.de/stichwort/19892/ (26.4.2023)

109 Hepfer, a.a.O., S. 31

110 Horkheimer, Max: Die Sehnsucht nach dem ganz Anderen. Ein Interview mit Kommentar von Helmut Gumnior. Hamburg 1970

111 Neumann, Peter: Der verlorene Sohn der Frankfurter Schule. In: DIE ZEIT vom 12.3.2022, S. 49

112 Haag, Karl Heinz: Metaphysik als Forderung rationaler Weltauffassung. 2. Aufl., o.O., 2018, S. 117

113 Ebd., S. 8

114 Vgl. Sander, Politik entdecken – Freiheit leben, a.a.O., S. 162-167

115 Vgl. Sander, Bildung – ein kulturelles Erbe für die Weltgesellschaft, a.a.O., S. 11-35 und 134-148; Sander, Europäische Identität, a.a.O., S. 149-166

116 Vgl. u.a. Scaramuzza, Elia: Kritik und Normativität in der (Kritischen) Politischen Bildung. In: zeitschrift für didaktik der gesellschaftswissenschaften (zdg) 1/2018, S. 81 f.

117 Weber, Birgit: Kritik – zur Einführung in das Schwerpunktthema. In: zeitschrift für didaktik der gesellschaftswissenschaften (zdg) 1/2018, S. 8 f.

118 Vgl. u.a. Sander, Politik in der Schule, a.a.O.

119 Weber, Kritik – zur Einführung in der Schwerpunktthema, a.a.O., S. 9

120 Ladewig, a.a.O., S. 134 f.; vgl. zur Geschichte der Frankfurter Schule auch Jeffries, Stuart: Grand Hotel Abgrund. Die Frankfurter Schule und ihre Zeit. Stuttgart 2019

121 Lösch, Bettina/Thimmel, Andreas (Hg.): Kritische politische Bildung. Ein Handbuch. Schwalbach/Ts. 2010. (Eine Neuauflage dieses Handbuchs ist für 2024 angekündigt und konnte hier nicht mehr einbezogen werden.)

122 Ebd., S. 7

123 Ebd., S. 8

124 Lösch, Bettina/Eis, Andreas: Kritische Gesellschaftsanalysen und globale politische Bildung. In: zeitschrift für didaktik der gesellschaftswissenschaften (zdg) 1/2018, S. 54

125 Vgl. die kontroversen Beiträge in Widmaier/Overwien, a.a.O.

126 Vgl. zu dieser Kontroverse Widmaier, Benedikt/Zorn, Peter (Hg.): Brauchen wir den Beutelsbacher Konsens? Eine Debatte der politischen Bildung. Bonn 2016

127 Vgl. Frankfurter Erklärung. Für eine kritisch-emanzipatorische Politische Bildung. 2015, URL: https://akg-online.org/sites/default/files/frankfurter_erklaerung.pdf (26.4.2023)

128 Salomon, David: Kritische politische Bildung. Ein Versuch. In: Widmaier/Overwien, a.a.O., S. 236 f.

129 Jann, Olaf/Wohnig, Alexander: Kritik und Konflikt. Für eine nonkonformistische Diversität der Standpunkte. In: zeitschrift für didaktik der gesellschaftswissenschaften 1/2018, S. 98 f.

130 Lösch/Timmel, a.a.O., S. 7 f.

131 Lösch/Eis, a.a.O., S. 45

132 Vgl. zur Debatte über ‚Cancel Culture' Dardan, Asal et al.: Canceln. Ein notwendiger Streit. München 2023

133 Vgl. Lyotard, Jean-François: Das postmoderne Wissen. 6. Aufl., Wien 2009

134 Allerdings führt eine konstruktivistische Erkenntnistheorie keineswegs zwingend zur postmodernen Philosophie; vgl. Sander, Bildung – ein kulturelles Erbe für die Weltgesellschaft, a.a.O., S. 11–35.

135 Vgl. Delgado, Richard/Stefancic Jean: Critical Race Theory. 3rd edition, New York 2017, 19 ff. und 140 ff.; Castro Varela, María do/Dhawan, Nikita: Postkoloniale Theorie. Eine kritische Einführung. 3. Aufl., Bielefeld 2020, S. 308 ff.

136 Delgado/Stefancic, a.a.O., S. 8

137 Pluckrose, Helene/Landsay, James: Zynische Theorien. Wie aktivistische Wissenschaft Race, Gender und Identität über alles stellt – und warum das niemandem nützt. München 2022, S. 54

138 Ackermann, a.a.O., S. 129

139 Pluckrose/Lindsay, a.a.O., S. 71

140 Eine Fülle an konkreten Fallbeispielen für die Vorgehensweisen von ‚woken' Aktivisten findet sich im Sachbuchbereich geschildert u.a. bei Basad, Judith Sevinç: Schäm dich! Wie Ideologinnen und Ideologen bestimmen, was gut und böse ist. Frankfurt/M. 2021; Bruckner, Pascal: Ein nahezu perfekter Täter. Die Konstruktion des weißen Sündenbocks. Berlin 2021; Feddersen, Jan/Gessler, Philipp: Kampf der Identitäten. Für eine Rückbesinnung auf linke Ideale. Berlin 2021; Fourest, Caroline: Generation Beleidigt. Von der Sprachpolizei zur Gedankenpolizei. Über den wachsenden Einfluss linker Identitärer. Berlin 2020; McWhorter, John: Die Erwählten. Wie der neue Antirassismus die Gesellschaft spaltet. Hamburg 2022; Wessels, Sebastian: Im Schatten guter Absichten. Die postmoderne Wiederkehr des Rassedenkens. o.O. 2021

141 Der quasi-religiöse Charakter der ‚Wokeness-Bewegung' ist deutlich zu erkennen, kann aber hier nicht näher analysiert werden. Entsprechende Beispiele und Reflexionen finden sich in den in der vorherigen

Anmerkung genannten Büchern von Feddersen/Gessler, McWhorter und Wessels.

142 Vgl. dazu Pluckrose/Lansay, a.a.O.; ferner (in knapper, eher essayistischer Form) Marguier, Alexander/Krischke, Ben (Hg.): Die Wokeness-Illusion. Wenn Political Correctness die Freiheit gefährdet. Freiburg 2023

143 Vgl. vor allem Elbe, Ingo/Forstenhäusler, Robin/Henkelmann, Katrin/Rickermann, Jan/Schneider, Hagen/Stahl, Andreas (Hg.): Probleme des Antirassismus. Postkoloniale Studien, Critical Whiteness und Intersektionalitätsforschung in der Kritik. Berlin 2022; speziell zur Kritik des Postkolonialismus vgl. ferner Gerber, Jan (Hg.): Die Untiefen des Postkolonialismus. Hallische Jahrbücher # 1, Berlin 2021.

144 https://www.demokratiewebstatt.at/demokratie/lexikon/rassismus (26.4.2023)

145 Vgl. zu dieser Diskussion Schönecker, Dieter: Rassismus, Rasse und Wissenschaftsfreiheit. In: Philosophisches Jahrbuch 2020, 2. Halbband, Freiburg/München 2020, S. 265 ff.

146 Barth, Boris: Rassismus. In: Europäische Geschichte online, URL: http://ieg-ego.eu/de/threads/europa-und-die-welt/rassismus/boris-barth-rassismus?set_language=http://ieg-ego.eu/de/threads/europa-und-die-welt/rassismus/boris-barth-rassismus, S. 2 (26.4.2023)

147 Vgl. ebd., S. 1

148 Fereidooni, Karim: Worte finden. Interview für die Berliner GEW, 2020, online, S. 2 f.; URL: https://www.gew-berlin.de/aktuelles/detailseite/neuigkeiten/worte-finden (26.4.2023)

149 Simon, Nina/Fereidooni, Karim: Rassismus(kritik) und Fachdidaktiken – (Kein)Zusammenhang? Einleitende Gedanken. In: Fereidooni, Karim/Simon, Nina (Hg.) Rassismuskritische Fachdidaktiken. Theoretische Reflexionen und fachdidaktische Entwürfe rassismuskritischer Unterrichtsplanungen. Wiesbaden 2020, S. 3

150 Vgl. DiAngelo, Robin: Wir müssen über Rassismus reden. Was es bedeutet, in unserer Gesellschaft weiß zu sein. Hamburg 2020

151 Balibar, Étienne: Gibt es einen „Neo-Rassismus“? In: ders./Wallerstein, Immanuel: Rasse, Klasse, Nation. Ambivalente Identitäten. Hamburg 1990, S. 28

152 Wolff, Birgitta: Dem Argument eine Chance. Zur Wissenschafts- und Meinungsfreiheit an den Universitäten. In: Forschung & Lehre 10/2021, S. 823; vgl. zum Konstrukt „antimuslimischer Rassismus“ ferner kritisch Pfahl-Traughber, Armin: Ausgrenzen im Namen einer Minderheit. In: Frankfurter Allgemeine Zeitung vom 24.11.2021

153 Vgl. zum Beispiel Fereidooni/Simon, a.a.O. In diesem Band finden sich – neben Beiträgen auf der Basis seriöser Forschung und Theoriebildung – eine ganze Reihe solcher bizarrer Schlussfolgerungen aus der ‚woken' Rassismuskritik; vgl. meine Rezension des Buches in zeitschrift für didaktik der gesellschaftswissenschaften (zdg) 2/2021, S. 216 ff.

154 Es sei denn, es ließen sich die früheren Kolonialmächte Deutschland und Belgien auch Jahrzehnte nach der Unabhängigkeit Ruandas für die Einführung rassistischen Denkens in diesem Land verantwortlich machen; so bei Roig, Emilia: Why we matter. Das Ende der Unterdrückung. Berlin 2021, S. 97 ff.

155 Vgl. z.B. Hastings, Alice: Was weiße Menschen nicht über Rassismus hören wollen, aber wissen sollten. 14. Aufl., München 2020, S. 29: „Hautfarbe ist nicht egal. (...) Deshalb bezeichne ich mich selbst als Schwarz. Es ist ein wichtiger Teil meiner Identität und spiegelt mein Verhältnis zur Weltgeschichte wider."

156 Aping, Sina: Wie können WIR eine (macht-)kritische und selbstreflektierende Auseinandersetzung über Rassismus ermöglichen? In: Informationen zur politischen Bildung, Nr. 49, Wien 2021, S. 12

157 Delgado/Stefancic, a.a.O., S. 3

158 Bruckner, a.a.O., S. 282

159 Roig, a.a.O., S. 125

160 Vgl. dazu u.a. die populärwissenschaftlich geschriebene, aber auf solider und großer Datenbasis beruhende Studie von Schröder, Martin: Wann sind Frauen wirklich zufrieden? Überraschende Erkenntnisse zu Partnerschaft, Karriere, Kindern, Haushalt. München 2023

161 Die Aussagekraft entsprechender Untersuchungen hängt sehr stark vom verwendeten Rassismusbegriff ab. Es liegt auf der Hand, dass umso mehr Rassismus konstatiert werden kann, je breiter und unspezifischer dieser Begriff verwendet wird. Wenn beispielsweise skeptische Einstellungen gegenüber dem Islam bereits als rassistisch kategorisiert werden, wird der Anteil rassischer Einstellungen in der Bevölkerung höher ausfallen, als wenn antimuslimische Vorurteile und Ressentiments richtigerweise als etwas anderes kategorisiert werden als die Abwertung von Menschen aufgrund ihrer Hautfarbe.

Relativ verlässliche Daten liefert die mit einem traditionellen, biologistisch-ethnischen Rassismusbegriff arbeitende Leipziger Mittestudie. Sie kommt für 2020/21 zu dem (hier nur stark verkürzt referierbaren) Ergebnis, dass in Deutschland Rassismus mehrheitlich geächtet wird, gleichwohl jedoch ca. 11 Prozent der Befragten offen rassistisch gegen schwarze Menschen eingestellt sind. Allerdings wurden hierbei zu „offenem Rassismus“ auch die Zustimmungen zu diesem Item einbezogen: „Aussiedler sollen bessergestellt sein als Ausländer, da sie deutscher Abstammung sind“. Dieses Item überzeugt als Rassismusmarker nicht, weil es lediglich eine geltende Rechtslage beschreibt. Die beiden anderen in diesem Zusammenhang verwendeten Items („Die Weißen sind zu Recht führend in der Welt“, „Für anspruchsvolle Tätigkeiten sind weiße Menschen besser geeignet als Schwarze Menschen“) treffen rassistische Einstellungen besser; hier sinkt dann aber die Zustimmungsrate auf unter fünf Prozent. Zugleich bezeichnet 86 Prozent der Befragten ihre Einstellungen gegenüber schwarzen Menschen als positiv oder sehr positiv. (Vgl. Zick, Andreas/Küpper, Beate (Hg.): Die geforderte Mitte. Rechtsextreme und demokratiegefährdende Einstellungen in Deutschland 2020/21. Bonn 2021, S. 141 ff.)

Die Studie zeigt durchaus, dass Rassismus nicht trivial ist und als Bedrohung der Menschenwürde politisch wie pädagogisch im Blick behalten werden muss. Sie zeigt aber auch, dass Behauptungen wie die, Rassismus sei ein Strukturmerkmal der Gesellschaft und es gebe keine rassismusfreien Räume, empirisch nicht haltbar sind.

162 El-Mafaalani, Aladin: Wozu Rassismus? Von der Erfindung der Menschenrassen bis zum rassismuskritischen Widerstand. Köln 2021, S. 7

163 Ebd., S. 94

164 Fukuyama, Francis: Identität. Wie der Verlust der Würde unsere Demokratie gefährdet. Hamburg 2019, S. 144

165 Loury, Glenn: „Rassismus existiert, aber er erklärt nicht, was hier passiert“. Interview in Neue Zürcher Zeitung vom 6.6.2020, URL: https://www.nzz.ch/international/proteste-in-den-usa-der-rassismus-erklaert-nicht-was-passiert-ld.1559746 (26.4.2023); für Deutschland vgl. ähnlich Topçu, Canan: Nicht mein Antirassismus. Warum wir einander zuhören sollten, statt uns gegenseitig den Mund zu verbieten. Eine Ermutigung, Köln 2021

166 Hodgson, Naomi/Vlieghe, Joris/Zamojski Piotr: Manifest für eine Post-Kritische Pädagogik. In: Bittner, Martin/Wischmann, Anke (Hg.): Kritik und Post-Kritik. Zur deutschsprachigen Rezeption des „Manifests für eine Post-Kritische Pädagogik.“ Bielefeld 2022

167 Hodgson, Naomi/ Vlieghe, Joris/Zamojski Piotr: Manifesto for a Post-Critical Pedagogy. o.O., 2017; URL: https://www.doi.org/10.21983/P3.0193.1.00 (26.4.2023)

168 Hodgson/Vlieghe/Zamojski, Manifest für eine Post-Kritische Pädagogik, a.a.O., S. 20

169 Ebd., S. 20

170 Ebd., S. 21

171 Vgl. dazu auch Sander, Bildung – ein kulturelles Erbe für die Weltgesellschaft, a.a.O., S. 85–93

172 Hodgson/Vlieghe/Zamojski, Manifest für eine Post-Kritische Pädagogik, a.a.O., S. 21

173 Ebd., S. 22

174 Ebd., S. 23

175 Ebd., S. 23 f.

176 Bruckner, a.a.O., S. 285

177 Insofern stellen die Überlegungen zu normativen Fragen in diesem Buch auch eine Präzisierung und Erweiterung der entsprechenden Ausführungen in Kapitel II.1 von *Politik entdecken – Freiheit leben* dar. Dort habe ich zwar auch Abgrenzungen gegen freiheitsfeindliche Ideologien und Fundamentalismen formuliert sowie auf den Kontext der europäisch-westlichen Kultur hingewiesen. Allerdings hat der dortige alleinige Bezug auf den Freiheitsbegriff in der normativen Grundlegung politischer Bildung zu Missverständnissen Anlass gegeben; ferner war die Behandlung kollektiver Identitäten *ausschließlich* unter dem Aspekt der individuellen Entscheidungsfreiheit über Zugehörigkeiten aus heutiger Sicht zu stark verkürzt.

178 Augustinus, Aurelius: Bekenntnisse. Aus dem Lateinischen übersetzt und herausgegeben von Kurt Flasch und Burkhard Mojsisch, Stuttgart 2008, S. 119. Vgl. zum christlichen Verständnis von der Vorläufigkeit von Identität Sander, Europäische Identität, a.a.O., S. 42–47

179 Vgl. Nicke, Sascha: Der Begriff der Identität. Bonn 2018, S. 1 (URL: https://www.bpb.de/politik/extremismus/rechtspopulismus/241035/der-begriff-der-identitaet, 21.3.2023)

180 Erikson, Erik H.: Kindheit und Gesellschaft. 14. Aufl., Stuttgart 2005

181 Vgl. Nicke, Der Begriff der Identität, a.a.O.

182 Appiah, Kwame Anthony: Identitäten. Die Fiktionen der Zugehörigkeit. Berlin 2019, S. 28

183 Münkler, Herfried: Reich, Nation, Europa. Modelle politischer Ordnung. Weinheim 1996, S. 66

184 Vgl. u.a. die Typologie kollektiver Identitäten bei Emcke, Carolin: Kollektive Identitäten. Sozialphilosophische Grundlagen. Frankfurt/M. 2018

185 Walzer, Michael: Zivile Gesellschaft und amerikanische Demokratie. Berlin 1992, S. 136

186 Vgl. auch Llangue, Markus: Identitätspolitik. Dimensionen eines vielschichtigen Konzepts. In: POLITIKUM 4/2018

187 Lesch, Harald, in einem Interview in GEO WISSEN Nr. 33, Hamburg 2004, S. 25

188 Vgl. z.B. für die Justus-Liebig-Universität Gießen: https://www.uni-giessen.de/de/studium/studienangebot/bachelor/las (26.4.2023)

189 Manemann, Jürgen: Der Dschihad und der Nihilismus des Westens. Warum ziehen junge Europäer in den Krieg? Bielefeld 2015, S. 38

190 Fukuyama, Francis: Das Ende der Geschichte. Wo stehen wir? München 1992, S. 338

191 Huntington, Samuel: Kampf der Kulturen. Die Neugestaltung der Weltpolitik im 21. Jahrhundert, Hamburg 2007, S. 56

192 Sen, Amarty: Die Identitätsfalle. Warum es keinen Krieg der Kulturen geben wird. München 2007. Wie man Huntingtons und Sens Theorien in eine produktive Beziehung setzen könnte, habe ich erörtert in Sander, Bildung – ein kulturelles Erbe für die Weltgesellschaft, a.a.O., S. 50 f.

193 Huntington, a.a.O., S. 56 f.

194 Vgl. zum hier vertretenen Verständnis von Weltgesellschaft ausführlicher Sander, Bildung – ein kulturelles Erbe für die Weltgesellschaft, a.a.O., S. 37–58

195 Eisenstadt, Shmuel N. (2006): Die Vielfalt der Moderne: Ein Blick zurück auf die ersten Überlegungen zu den „Multiple Modernities". 2006, verfügbar unter: www.europa.clio-online.de/essay/id/fdae-1322 (26.4.2023)

196 Eisenstadt, Shmuel N.: Vielfalt in der Moderne, Weilerswist 2000

197 https://www.worldvaluessurvey.org/wvs.jsp (26.4.2023)

198 https://www.youtube.com/watch?v=ABWYOcru7js (26.4.2023)

199 Vgl. Joas, Hans: Sind die Menschenrechte westlich? München 2015; Mende, Janne: Der Universalismus der Menschenrechte. München 2021; Taylor, Charles: Bedingungen für einen freiwilligen Konsens über Menschenrechte. In: ders.: Menschenrechte, Religion, Gewalt. Drei Essays. Ditzingen 2021

200 Vgl. Sander, Bildung – ein kulturelles Erbe für die Weltgesellschaft, a.a.O., S. 95–130

201 Rawls, John: Politischer Liberalismus. Frankfurt/M. 2003, S. 219

202 Ebd., S. 221

203 Ebd., S. 219

204 Taylor, a.a.O., S. 49

205 Ebd., S. 50

206 Schmale, Wolfgang: Geschichte und Zukunft der Europäischen Identität. Lizenzausgabe, Bonn 2010, S. 7

207 Vgl. ebd., S. 121–130; Sander, Europäische Identität, a.a.O., S. 31–39

208 Vgl. Böttcher, Wolfgang: Europas vergessene Visionäre. Rückbesinnung in Zeiten akuter Krisen. Baden-Baden 2019

209 Vgl. Krastev, Ivan: Europadämmerung. Ein Essay. Berlin 2017

210 Meine eigene Position zu diesem Thema ist ausführlich dargelegt in Sander, Europäische Identität, a.a.O. Weitere, teilweise divergierende Sichtweisen finden sich u.a. in diesen Publikationen: Schmale, Geschichte und Zukunft der Europäischen Identität, a.a.O.; Krastev, a.a.O.; Engels, David (Hg.): RENOVATIO EUROPÆ. Plädoyer für einen hesperialistischen Neuaufbau Europas. Berlin 2019; Guérot, Ulrike: Warum Europa eine Republik werden muss! Eine politische Utopie. Bonn 2016; Habermas, Jürgen: Zur Verfassung Europas. Ein Essay. Berlin 2011; Hasse, Dag Nikolaus: Was ist europäisch? Zur Überwindung kolonialer und romantischer Denkformen. Ditzingen 2021; Héneff, Marcel: Europas genetischer Code. Griechische, römische, biblische Quellen und das Erbe der Barbaren. In: Lettre international Nr. 117, Berlin 2017; Hentges, Gudrun/Nottbohm, Kristina/Platzer, Hans-Wolfgang (Hg.): Europäische Identität in der Krise? Europäische Identitätsforschung und Rechtspopulismusforschung im Dialog. Wiesbaden 2017; Hüttenhoff, Michael (Hg.): Christliches Europa? Studien zu einem umstrittenen Konzept. Leipzig 2014; Nida-Rümelin, Julian/Weidenfeld, Werner (Hg.): Europäische Identität: Voraussetzungen und Strategien. Baden-Baden 2007; Schilling, Hans: Das Christentum und die Entstehung des modernen Europa. Aufbruch in die Welt von heute. Freiburg 2022

211 Vgl. ausführlicher Sander, Europäische Identität, a.a.O., S. 127 ff.; in diesem Kontext werden weiterhin ‚weltanschauliche Neutralität des Staates' und ‚säkularer Humanismus' auf ihre Tauglichkeit zur normativen Grundierung europäischer Identität kritisch befragt.

212 Arendt, Hannah: Was ist Politik? Fragmente aus dem Nachlaß. München 1993, S. 9

213 Vgl. Heinemann-Grüder, Andreas: Föderalismus in Russland. Bonn 2018, URL: https://www.bpb.de/themen/europa/russland/47962/foederalismus-in-russland/ (26.4.2023)

214 Zit. nach Bundeszentrale für politische Bildung (Hg.): Vertrag von Lissabon. Bonn 2010, S. 34

215 Schröder, Richard: Europa – eine Wertegemeinschaft? In: Hüttenhoff, Christliches Europa? A.a.O., S. 184

216 Ebd., S. 185

217 Schäfers, Bernhard: Soziales Handeln und seine Grundlagen: Normen, Werte, Sinn. In: Korte, Hermann/Schäfers, Bernhard (Hg.): Einführung in die Hauptbegriffe der Soziologie. 6. Aufl., Opladen 2002, S. 36

218 Döhn, Lothar: Werte. In: Drechsler, Hanno/Hilligen, Wolfgang/Neumann, Franz (Hg.): Gesellschaft und Staat. Lexikon der Politik. 9. Aufl., München 1994, S. 884

219 Gloe, Markus: Werte und Menschenrechte. Bundeszentrale für politische Bildung, 2015; URL: https://www.bpb.de/gesellschaft/bildung/politische-bildung/193087/werte-und-menschenrechte (26.4.2023)

220 Vgl. https://www.values-academy.de/werte-lexikon (26.4.2023)

221 Es sei denn, man sieht sie als Teil einer Fortschrittserzählung, nach der Europa erst in der Moderne und als Folge der Aufklärung Vielfalt und die genannten Werte entwickelt habe. Ein solches Verständnis der europäischen Moderne ist aber aus heutiger historischer Sicht unhaltbar geworden (vgl. Sander, Europäische Identität, a.a.O., S. 97 ff.).

222 Appiah, Identitäten, a.a.O., S. 105

223 Gabriel/Horn/Katsman/Krull/Lippold/Pelluchon/Venzke, a.a.O., S. 41 ff.

224 Vgl. zu einer entsprechenden neueren Diskussion aus den Rechtswissenschaften Franzius, Claudio/Mayer, Franz C./Neyer, J. (Hg.): Die Neuerfindung Europas. Bedeutung und Gehalte von Narrativen für die europäische Integration. Baden-Baden 2019

225 Morin, Edgar: Europa denken. Frankfurt/M./New York 1988, S. 60

226 Schulze, Hagen: Staat und Nation in der europäischen Geschichte. München 1994, S. 20

227 Vgl. Sander, Europäische Identität, a.a.O., S. 49–95

228 Morin, a.a.O., S. 79

229 Zu Kolonialismus und Kultur vgl. einführend Osterhammel, Jürgen/Jansen, Jan C.: Kolonialismus. Geschichte, Formen, Folgen. 9. Aufl., München 2021, S. 99 ff.

230 Orientierungsrahmen für den Lernbereich Globale Entwicklung im Rahmen einer Bildung für nachhaltige Entwicklung. Im Auftrag der Kultusministerkonferenz und des Bundesministeriums für wirtschaftliche Zusammenarbeit und Entwicklung, zusammengestellt und bearbeitet von Jörg-Robert Schreiber und Hannes Stiege. 2. Aufl., Bonn 2016, S. 97

231 Vgl. ebd., S. 219

232 Europabildung in der Schule. Beschluss der Kultusministerkonferenz vom 8.6.1878 i.d.F. vom 15.10.2020, S. 5 und 9

233 Vgl. Siedentop, Larry: Die Erfindung des Individuums. Der Liberalismus und die westliche Welt. Stuttgart 2015, S. 67 ff.; vgl. ferner Sander, Europäische Identität, a.a.O., S. 53 ff.

234 Siedentop, a.a.O., S. 80 und 84 f.

235 Ebd., S. 411

236 Vgl. Wohnig, Alexander/Zorn, Peter (Hg.): Neutralität ist keine Lösung! Politik, Bildung – politische Bildung. Bonn 2022. Allerdings konzentriert sich das Buch im Wesentlichen auf aktuelle Fragen des Umgangs mit unangemessenen Neutralitätsforderungen aus dem Bereich des Rechtspopulismus, mit politischen Erwartungen von Präventionsleistungen durch politische Bildung und auf das Offenhalten von Räumen für kritische Reflexion.

237 Vgl. Sander, Wolfgang: Religion und politische Bildung. In: Stainer-Hämmerle, Kathrin (Hg.): Glaube – Klima – Hoffnung. Religion und Klimawandel als Herausforderungen für die politische Bildung. Frankfurt/M. 2021

238 Appiah, Kwame Anthony: Der Kosmopolit. Philosophie des Weltbürgertums. München 2007, S. 182

239 Vgl. Sander, Politik entdecken – Freiheit leben, a.a.O., S. 151–250

240 Vgl. Gessner, Susann/Klingler, Philipp: Politische Bildung: Fachunterricht planen und gestalten. Frankfurt/M. 2020

241 Vgl. Autorengruppe Fachdidaktik: Was ist gute politische Bildung? Leitfaden für den sozialwissenschaftlichen Unterricht. Schwalbach/Ts. 2016

242 Vgl. Detjen, Joachim/Massing, Peter/Richter, Dagmar/Weißeno, Georg: Politikkompetenz – ein Modell. Wiesbaden 2012, S. 89 ff.

243 Klafki, Wolfgang: Kategoriale Bildung. In: ders.: Studien zur Bildungstheorie und Didaktik. 3./4. Aufl., Weinheim 1964, S. 27 ff.

244 Gagel, Walter: Geschichte der politischen Bildung in der Bundesrepublik Deutschland 1945 – 1989/90. 3., überarb. und erweit. Aufl., Wiesbaden 2005, S. 133

245 Schwietring, Thomas: Was ist Gesellschaft? Einführung in soziologische Grundbegriffe. Lizenzausgabe, Bonn 2011, S. 97

246 Zimbardo, Philip G./Gerrig, Richard J.: Psychologie. 16., akt. Aufl., München 2004, S. 385

247 Vgl. grundlegend zum psychologischen Verständnis von Konzepten Murphy, Gregory L.: The Big Book of Concepts. Cambridge und London 2004

248 Ebd., S. 1

249 Vgl. zu diesen erkenntnistheoretischen Fragen ausführlicher Sander, Bildung – ein kulturelles Erbe für die Weltgesellschaft, a.a.O., S. 11–35

250 Vgl. zu dieser Debatte in den gesellschaftswissenschaftlichen Fächern im Zuge der Kompetenzorientierung Sander, Wolfgang: Wissen im kompetenzorientierten Unterricht – Konzepte, Basiskonzepte, Kontroversen in den gesellschaftswissenschaftlichen Fächern. In: zeitschrift für didaktik der gesellschaftswissenschaften (zdg) 1/2020

251 Diese Kontroverse bildet sich am klarsten in je zwei Büchern zweier Autorengruppen ab: Weißeno/Detjen/Juchler/Massing/Richter, a.a.O.; Autorengruppe Fachdidaktik, Konzepte der politischen Bildung, a.a.O.; Detjen/Massing/Richter/Weißeno, Politikkompetenz – ein Modell, a.a.O.; Autorengruppe Fachdidaktik: Was ist gute politische Bildung?, a.a.O.

252 Sander, Politik entdecken – Freiheit leben, a.a.O., S. 100 ff.

253 Weißeno/Detjen/Juchler/Massing/Richter, Konzepte der Politik, a.a.O., S. 12

254 Autorengruppe Fachdidaktik, Konzepte der politischen Bildung, a.a.O., S. 189 f.

255 Vgl. Sander, Politik entdecken – Freiheit leben, a.a.O., S. 168 ff.

256 Vgl. Hattie, John: Lernen sichtbar machen. Überarbeitete deutschsprachige Ausgabe von „Visible Learning" besorgt von Wolfgang Beywl und Klaus Zierer. Baltmannsweiler 2013

257 Ebd., S. 286

258 Ebd., S. 280

259 Ebd., S. 280 und 290. Vgl. zu Konsequenzen aus Hatties Studie für die gesellschaftswissenschaftlichen Fächer am Beispiel der Social Studies in den USA auch Hattie, John/Stern, Julie/Fisher, Douglas/Fey, Nancy: Visible Learning for Social Studies. Designing Learning for Conceptual Understanding. Thousand Oaks, California 2020.

260 Vgl. hierzu auch Sander, Politik entdecken – Freiheit leben, a.a.O., S. 227 ff.

261 Scheunpflug, Annette: Biologische Grundlagen des Lernens. Berlin 2001, S. 174 f.

262 Es handelt sich um eine aktualisierte Fassung des entsprechenden Formulars in Sander, Politik entdecken – Freiheit leben, a.a.O., S. 242 f.

263 Vgl. Sander, Politik entdecken – Freiheit leben, a.a.O., S. 175 ff.

264 Vgl. Ebd., S. 75 ff., sowie GPJE, a.a.O.

265 Vgl. Sander, Politik entdecken – Freiheit leben, S. 201 ff.

266 Wehling, a.a.O., S. 179

267 Ebd., S. 181

268 Vgl. Mannewitz, Tom/Ruch, Hermann/Thieme, Tom/Winkelmann, Thorsten: Was ist politischer Extremismus? Grundlagen, Erscheinungsformen, Interventionsansätze. Frankfurt/M. 2018

269 Vgl. beispielsweise die einschlägigen Fachbeiträge in Heft 4/2020 der Zeitschrift POLIS. Erstaunlicherweise spielt in dieser kritischen Debatte zum Extremismusbegriff der Islamismus überhaupt keine und der Linksextremismus nur eine periphere Rolle. Gelegentlich ergibt sich der Eindruck, von ‚Extremismus' solle überhaupt nur mit Blick auf Rechtsextremismus gesprochen werden, womit jedoch die Frage ausgeblendet wird, wie antidemokratische Einstellungen im Kontext anderer politischer Richtungen zu bezeichnen wären.

270 Edler, Kurt/Hafeneger, Benno/Sander, Wolfgang/Scherr, Albert: Verteidigung der Republik – Politische Bildung angesichts von Extremismus. Ein Aufruf. 2018, URL: https://chn.ge/2DqAsII (26.4.2023)

271 Vgl. u.a. Goetz, Judith/Reitmair-Juárez, Susanne/Lange, Dirk (Hg.): Handlungsstrategien gegen Rechtsextremismus. Politische Bildung – Pädagogik – Prävention. Wiesbaden 2022

272 Vgl. u.a. Meinhardt, Anne-Kathrin/Redlich, Birgit (Hg.): Linke Militanz. Pädagogische Arbeit in Theorie und Praxis. Frankfurt/M. 2020

273 Vgl. u.a. Hößl, Stefan E./Jamal, Lona/Schellenberg, Frank (Hg.): Politische Bildung im Kontext von Islam und Islamismus. Bonn 2020

274 Vgl. u.a. Bernstein, Julia/Grimm, Marc/Müller, Stefan (Hg.): Schule als Spiegel der Gesellschaft. Antisemitismus erkennen und handeln. Frankfurt/M. 2022

275 Edler, Kurt: Islamismus als pädagogische Herausforderung. Stuttgart 2015, S. 56

276 Hilligen, Wolfgang: Didaktische Zugänge in der politischen Bildung. Schwalbach/Ts. 1991, S. 36

277 Eine instruktive, für Selbstreflexion und Fortbildungen in Lehrergruppen gut geeignete Sammlung konkreter Fälle findet sich bei Behrens, Rico/Besand, Anja/Brauer, Stefan: Politische Bildung in reaktionären Zeiten. Plädoyer für eine standhafte Schule. Frankfurt/M. 2021

278 Vgl. Mietzel, Gerd: Pädagogische Psychologie des Lernens und Lehrens, 7. Aufl. 2003, S. 310

279 Vgl. zum Thema ‚Haltung' im Fachdiskurs auch Gessner, Susann: Politische Bildung als Haltung. In: Demokratie gegen Menschenfeindlichkeit 2/2021

280 Kurbacher, Frauke A.: Haltung und Urteilskraft – in grundlegender wie praktischer Perspektive. Oder: Haltung für Demokratie gegen Menschenfeindlichkeit. In: Demokratie gegen Menschenfeindlichkeit 2/2021, S. 20

281 Langenohl, Andreas: ‚Haltung zeigen': Die Anrufung politischer Transparenz in Zeiten der Intransparenz. In: Demokratie gegen Menschenfeindlichkeit 2/2021, S. 73 f.

282 Vgl. dazu einführend Sander, Wolfgang: Politische Bildung als fächerübergreifende Aufgabe der Schule. In: ders./Pohl, a.a.O., sowie Sander, Politik entdecken – Freiheit leben, a.a.O., S. 114–140

283 Vgl. Brühne, Thomas: Bestandsaufnahme gesellschaftswissenschaftlicher Fächerverbünde in Deutschland und Überlegungen zu einer stärker integrativ ausgerichteten Organisationsform. In: zeitschrift für didaktik der gesellschaftswissenschaften (zdg) 1/2014; Gautschi, Peter: Integrationsmodelle – zur Einführung in das Schwerpunktthema. In: zeitschrift für didaktik der gesellschaftswissenschaften (zdg) 1/2019

284 Hedtke, Reinhold: Atomisierung der Stundentafeln? Zur Zerlegung von Schulfächern in ihre Disziplinen. In: ders./Uppenbrock, Carolin: Atomisierung der Stundentafeln? Schulfächer und ihre Bezugsdisziplinen in der Sekundarstufe I. iböb working paper no. 3, Bielefeld 2011

285 Pandel, Hans-Jürgen: Fächerübergreifendes Lernen – Artefakt oder Notwendigkeit? In: sowi-online journal 1/2001, S. 2 und 5 (http://www.sowi-online.de/journal/2001_1/pandel_fachuebergreifendes_lernen_artefakt_oder_notwendigkeit.html, 26.4.2023); vgl. ferner Weber, Birgit: Fächerintegration – zur Einführung in das Schwerpunktthema. In: zeitschrift für didaktik der gesellschaftswissenshaften (zdg) 1/2014.

286 Pandel, Hans-Jürgen: Geschichtsdidaktik. Eine Theorie für die Praxis. Schwalbach/Ts. 2013, S. 57 ff.

287 Rüsen, Jörn: Historische Orientierung. Über die Arbeit des Geschichtsbewusstseins, sich in der Zeit zurechtzufinden. 2. Aufl., Schwalbach/Ts. 2008, S. 16 und 18

288 DGfG (Deutsche Gesellschaft für Geographie) (2007): Bildungsstandards im Fach Geographie für den Mittleren Bildungsabschluss – mit Aufgabenbeispielen –. 3. Aufl., Berlin 2007, S. 5

289 GPJE, a.a.O., S. 5; vgl. auch Sander, Politik entdecken – Freiheit leben, a.a.O., S. 58–70

290 Retzmann/Seeber/Remmele/Jongebloed, a.a.O, S. 17

291 Vgl. Sander, Wolfgang: Israel in deutschen Schulbüchern für die Gesellschaftswissenschaften – Ergebnisse aus der Deutsch-Israelischen

Schulbuchkommission. In: zeitschrift für didaktik der gesellschaftswissenschaften (zdg) 1/2015

292 NCSS (National Council for the Social Studies): College, Career & Civic Life – C 3 Framework for Social Studies State Standards. Silver Spring 2013

293 Ebd., S. 30

294 Ebd., S. 29

295 Vgl., ebd., S. 12

296 So George, Siegfried: Curriculare Aspekte der Neuen Technologien im politischen Unterricht. In: Bundeszentrale für politische Bildung (Hg.): Computer in der Schule. Pädagogische Konzepte und Projekte – Empfehlungen, Dokumente. Bonn 1986. George zitierte u.a. den frühen Computerpionier Josef Weizenbaum mit dem Worten: „Nach meiner Meinung ist die Informationsgesellschaft ein Überwachungsstaat. Es kann gar nicht anders sein. Heute müssen wir alle unseren Widerstand anfangen." (S. 186)

297 Vgl. Viechtbauer, Hans-Peter: Der Computer in der politischen Bildung. Konzeptionen – Unterrichtspraxis. Schwalbach/Ts. 1996, S. 5–24

298 Vgl. u.a. Harth, Thilo: Das Internet als Herausforderung politischer Bildung. Schwalbach/Ts. 2000; Weißeno, Georg (Hg.): Politikunterricht im Informationszeitalter. Schwalbach/Ts. 2001

299 Vgl. Besand, Anja/Sander, Wolfgang (Hg.): Handbuch Medien in der politischen Bildung. Schwalbach/Ts. 2010

300 Vgl. u.a. Sander, Wolfgang (Hg.): Digitale Medien in der Grundschule. Ein Forschungsprojekt zum Sachunterricht. Schwalbach/Ts. 2007

301 Vgl. u.a. Gapski, Harald/Oberle, Monika/Staufer, Walter (Hg.): Medienkompetenz. Herausforderungen für Politik, politische Bildung und Medienbildung. Bonn 2017

302 Vgl. dazu als ersten Überblick Sander, Wolfgang: Das dunkle Jahrhundert. Der drohende Verlust des kulturellen Gedächtnisses durch die Digitalisierung. In: POLIS 3/2016

303 Vgl. u.a. Schirrmacher, Frank (Hg.): Technologischer Totalitarismus. Eine Debatte. Berlin 2015; Hauk, Dennis: Digitale Medien in der politischen Bildung. Anforderungen und Zugänge an das Politikverstehen im 21. Jahrhundert. Wiesbaden 2016; Sander, Wolfgang: Von der Medienkompetenz zur Medienkritik? Plädoyer für eine Neuorientierung im Umgang mit digitalen Medien in der politischen Bildung. In: Gloe, Markus/Oeftering, Tonio (Hg.) Perspektiven auf Politikunterricht heute. Vom sozialwissenschaftlichen Sachunterricht bis zur Politiklehrerausbildung. Baden-Baden 2017; Barsch, Sebastian/

Lutter, Andreas/Meyer-Heidemann, Christian (Hg.): Fake und Filter. Historisches und politisches Lernen in Zeiten der Digitalisierung. Frankfurt/M. 2019; Ebner, Julia: Radikalisierungsmaschinen. Wie Extremisten die neuen Technologien nutzen und uns manipulieren. Berlin 2019; Lovink, Geert: Digitaler Nihilismus. Thesen zur dunklen Seite der Plattformen. Bielefeld 2019; Hippe, Thorsten: Digitalisierung – Fluch oder Segen für Mündigkeit? In: zeitschrift für didaktik der gesellschaftswissenschaften (zdg) 1/2020; Habermas, Jürgen: Ein neuer Strukturwandel der Öffentlichkeit und die deliberative Politik. Berlin 2022

304 Kaube, Jürgen: Ist die Schule zu blöd für unsere Kinder? Berlin 2019, S. 204

305 Kultusministerkonferenz: Bildung in der digitalen Welt. Strategie der Kultusministerkonferenz. Berlin 2016

306 Zur Zukunft des Lesens. Stavanger-Erklärung des Forschungsnetzwerks E-READ. In: Frankfurter Allgemeine Zeitung vom 22.1.2019, S. 11; vgl. dazu auch Stocker, Günther: „Aufgewacht aus tiefem Lesen." Überlegungen zur Materialität des Bücherlesens im digitalen Zeitalter. In: Herrmann, Hans Christian von/Moser, Jeannie (Hg.): Lesen. Ein Handapparat. Frankfurt/M. 2015

307 Habermas, Ein neuer Strukturwandel der Öffentlichkeit und die deliberative Politik, a.a.O., S. 49 f.

Literatur

ABBOTT, Andrew: „Welcome to the University of Chicago". Supplement zu Forschung & Lehre 8/2007

ADORNO, Theodor W. [1959]: Theorie der Halbbildung. In: ders.: Gesammelte Schriften. Bd. 8, Frankfurt/M. 1972

ADORNO, Theodor W.: Erziehung zur Mündigkeit. Vorträge und Gespräche mit Hellmut Becker 1959–1969, hg. von Gerd Kadelbach. 4. Aufl., Frankfurt/M. 1975

ANGENENDT, Arnold: Toleranz und Gewalt. Das Christentum zwischen Bibel und Schwert. Münster 2018

APING, Sina: Wie können WIR eine (macht-)kritische und selbstreflektierende Auseinandersetzung über Rassismus ermöglichen? In: Informationen zur politischen Bildung, Nr. 49, Wien 2021

APPIAH, Kwame Anthony: Der Kosmopolit. Philosophie des Weltbürgertums. München 2007

APPIAH, Kwame Anthony: Identitäten. Die Fiktionen der Zugehörigkeit. Berlin 2019

ARENDT, Hannah: Was ist Politik? Fragmente aus dem Nachlaß. München 1993

AUGUSTINUS, Aurelius: Bekenntnisse. Aus dem Lateinischen übersetzt und herausgegeben von Kurt Flasch und Burkhard Mojsisch, Stuttgart 2008

AUTORENGRUPPE FACHDIDAKTIK: Konzepte der politischen Bildung. Eine Streitschrift. Schwalbach/Ts. 2011

AUTORENGRUPPE FACHDIDAKTIK: Was ist gute politische Bildung? Leitfaden für den sozialwissenschaftlichen Unterricht. Schwalbach/Ts. 2016

BAADER, Meike Sophie: Erziehung als Erlösung. Transformationen des Religiösen in der Reformpädagogik. Weinheim und München 2005

BAHR, Erhard (Hg.): Was ist Aufklärung? Thesen und Definitionen. Stuttgart 1974

BALIBAR, Étienne: Gibt es einen „Neo-Rassismus"? In: ders./Wallerstein, Immanuel: Rasse, Klasse, Nation. Ambivalente Identitäten. Hamburg 1990

BARSCH, Sebastian/Lutter, Andreas/Meyer-Heidemann, Christian (Hg.): Fake und Filter. Historisches und politisches Lernen in Zeiten der Digitalisierung. Frankfurt/M. 2019

BARTH, Boris: Rassismus. In: Europäische Geschichte online, URL: http://ieg-ego.eu/de/threads/europa-und-die-welt/rassismus/boris-barth-rassismus?set_language=http://ieg-ego.eu/de/threads/europa-und-die-welt/rassismus/boris-barth-rassismus, S. 2 (26.4.2023)

BASAD, Judith Sevinç: Schäm dich! Wie Ideologinnen und Ideologen bestimmen, was gut und böse ist. Frankfurt/M. 2021

BAYERISCHES STAATSMINISTERIUM FÜR ARBEIT UND SOZIALORDNUNG, Familien und Frauen/Staatsinstitut für Frühpädagogik (Hg.): Bildung, Erziehung und Betreuung von Kindern in den ersten drei Lebensjahren. Handreichungen zum Bayerischen Bildungs- und Erziehungsplan für Kinder in Tageseinrichtungen bis zur Einschulung. München 2010

BECKER, Helmut et al.: Das Curriculum. Praxis, Wissenschaft und Politik. 3. Aufl., München 1977

BEHRENS, Rico/Besand, Anja/Brauer, Stefan: Politische Bildung in reaktionären Zeiten. Plädoyer für eine standhafte Schule. Frankfurt/M. 2021

BELLAIGUE, Christopher de: Die islamische Aufklärung. Der Konflikt zwischen Glaube und Vernunft 1798 bis heute. Frankfurt/M. 2018

BERLIN, Issac: Freiheit. Vier Versuche. Frankfurt/M. 1995

BERNSTEIN, Julia/Grimm, Marc/Müller, Stefan (Hg.): Schule als Spiegel der Gesellschaft. Antisemitismus erkennen und handeln. Frankfurt/M. 2022

BESAND, Anja/Gessner, Susann (Hg.): Politische Bildung mit klarem Blick. Festschrift für Wolfgang Sander. Frankfurt/M. 2018

BESAND, Anja/Overwien, Bernd/Zorn, Peter (Hg.): Politische Bildung mit Gefühl. Bonn 2019

BESAND, Anja/Sander, Wolfgang (Hg.): Handbuch Medien in der politischen Bildung. Schwalbach/Ts. 2010

BIERI, Peter: Wie wäre es, gebildet zu sein? In: Göppel, Rolf et al. (Hg.): Bildung ist mehr. Potentiale über PISA hinaus. Heidelberg 2008

BIERI, Peter: Wie wollen wir leben? 3. Aufl., St. Pölten und Salzburg 2011

BITTNER, Rüdiger: Bürger sein. Eine Prüfung politischer Begriffe. Berlin/Boston 2017

BLANKERTZ, Herwig: Theorien und Modell der Didaktik. 8. Aufl., München 1974

BÖTTCHER, Wolfgang: Europas vergessene Visionäre. Rückbesinnung in Zeiten akuter Krisen. Baden-Baden 2019

BÖTTCHER, Wolfgang/Heinemann, Ulrich/Priebe, Botho (Hg.): Allgemeinbildung im Diskurs. Plädoyer für eine Kernaufgabe der Schule, Hannover 2019

BREIER, Karl-Heinz: Leitbilder der Freiheit. Politische Bildung als Bürgerbildung. Schwalbach/Ts. 2003

BRUCKNER, Pascal: Ein nahezu perfekter Täter. Die Konstruktion des weißen Sündenbocks. Berlin 2021

BRÜHNE, Thomas: Bestandsaufnahme gesellschaftswissenschaftlicher Fächerverbünde in Deutschland und Überlegungen zu einer stärker integrativ ausgerichteten Organisationsform. In: zeitschrift für didaktik der gesellschaftswissenschaften (zdg) 1/2014

BUNDESMINISTERIUM FÜR BILDUNG UND FORSCHUNG (Hg.): Zur Entwicklung nationaler Bildungsstandards. Eine Expertise. Bonn 2003

BUNDESZENTRALE FÜR POLITISCHE BILDUNG (Hg.): Vertrag von Lissabon. Bonn 2010

CASTRO Varela, María do/Dhawan, Nikita: Postkoloniale Theorie. Eine kritische Einführung. 3. Aufl., Bielefeld 2020

CONRAD, Anne/Maier, Alexander/Nebgen, Christoph (Hg.): Bildung als Aufklärung. Historisch-anthropologische Perspektiven. Wien 2020

CONRAD, Sebastian: Enlightenment in Global History: A Historical Critique. In: The American Historical Review, Volume 117, Issue 4, October 2012

DAMMER, Karl-Heinz: „Was ist Mündigkeit?“ – Versuch einer historisch-systematischen Antwort im Anschluss an Kant. In: ders./Wortmann, Karl: Mündigkeit. Didaktische, bildungstheoretische und politische Überlegungen zu einem schwierigen Begriff. Baltmannsweiler 2014

DAMMER, Karl-Heinz: Bildungstheoretische Zugänge zur Mündigkeit. In: ders./Wortmann, Karl: Mündigkeit. Didaktische, bildungstheoretische und politische Überlegungen zu einem schwierigen Begriff. Baltmannsweiler 2014

DARDAN, Asal/Daub, Adrian/Engelmeier, Hanna/Kaube, Jürgen/Liessmann, Konrad Paul/Mangold, Ijoma/Müller, Lothar/Sanyal, Mithu/Schmidt, Marie/Schneider, Johannes/Scholz, Anna-Lena/Strigl, Daniela: Canceln. Ein notwendiger Streit. München 2023

DELGADO, Richard/Stefancic Jean: Critical Race Theory. 3rd edition, New York 2017

DETJEN, Joachim/Massing, Peter/Richter, Dagmar/Weißeno, Georg: Politikkompetenz – ein Modell. Wiesbaden 2012

DGFG (Deutsche Gesellschaft für Geographie) (2007): Bildungsstandards im Fach Geographie für den Mittleren Bildungsabschluss – mit Aufgabenbeispielen –. 3. Aufl., Berlin 2007

DIANGELO, Robin: Wir müssen über Rassismus reden. Was es bedeutet, in unserer Gesellschaft weiß zu sein. Hamburg 2020

DÖHN, Lothar: Werte. In: Drechsler, Hanno/Hilligen, Wolfgang/Neumann, Franz (Hg.): Gesellschaft und Staat. Lexikon der Politik. 9. Aufl., München 1994

DUNCKER, Ludwig: Politische Bildung aus schultheoretischer Sicht. Sondierungen – Analysen – Perspektiven. In: Besand, Anja/Gessner, Susann (Hg.): Politische Bildung mit klarem Blick. Frankfurt/M. 2018

DUNCKER, Ludwig: Didaktische Reflexivität in Schule und Unterricht. Zum Bildungsanspruch des Lehrens und Lernens. München 2021

DUNCKER, Ludwig/Sander, Wolfgang/Surkamp, Carola (Hg.): Perspektivenvielfalt im Unterricht. Stuttgart 2005

EBNER, Julia: Radikalisierungsmaschinen. Wie Extremisten die neuen Technologien nutzen und uns manipulieren. Berlin 2019

EDLER, Kurt: Islamismus als pädagogische Herausforderung. Stuttgart 2015

EDLER, Kurt/Hafeneger, Benno/Sander, Wolfgang/Scherr, Albert: Verteidigung der Republik – Politische Bildung angesichts von Extremismus. Ein Aufruf. 2018, URL: https://chn.ge/2DqAsII (26.4.2023)

EIS, Andreas: Mythos Mündigkeit – oder Erziehung zum funktionalen Subjekt? In: Widmaier, Benedikt/Overwien, Bernd (Hg.): Was heißt heute Kritische Politische Bildung? Schwalbach/Ts. 2013

EISENSTADT, Shmuel N. (2006): Die Vielfalt der Moderne: Ein Blick zurück auf die ersten Überlegungen zu den „Multiple Modernities". 2006, verfügbar unter: www.europa.clio-online.de/essay/id/fdae-1322 (26.4.2023)

EISENSTADT, Shmuel N.: Vielfalt in der Moderne, Weilerswist 2000

EL-MAFAALANI, Aladin: Wozu Rassismus? Von der Erfindung der Menschenrassen bis zum rassismuskritischen Widerstand. Köln 2021

ELBE, Ingo/Forstenhäusler, Robin/Henkelmann, Katrin/Rickermann, Jan/Schneider, Hagen/Stahl, Andreas (Hg.): Probleme des Antirassismus. Postkoloniale Studien, Critical Whiteness und Intersektionalitätsforschung in der Kritik. Berlin 2022

EMCKE, Carolin: Kollektive Identitäten. Sozialphilosophische Grundlagen. Frankfurt/M. 2018

ENGELS, David (Hg.): RENOVATIO EUROPÆ. Plädoyer für einen hesperialistischen Neuaufbau Europas. Berlin 2019

ERIKSON, Erik H.: Kindheit und Gesellschaft. 14. Aufl., Stuttgart 2005

EUROPABILDUNG IN DER SCHULE. Beschluss der Kultusministerkonferenz vom 8.6.1878 i.d.F. vom 15.10.2020

FEDDERSEN, Jan/Gessler, Philipp: Kampf der Identitäten. Für eine Rückbesinnung auf linke Ideale. Berlin 2021

FEREIDOONI, Karim: Worte finden. Interview für die Berliner GEW, 2020, online, S. 2 f.; URL: https://www.gew-berlin.de/aktuelles/detailseite/neuigkeiten/worte-finden (26.4.2023)

FEREIDOONI, Karim/Simon, Nina (Hg.): Rassismuskritische Fachdidaktiken. Theoretische Reflexionen und fachdidaktische Entwürfe rassismuskritischer Unterrichtsplanung. Wiesbaden 2020

FOUCAULT, Michel: Die Ordnung der Dinge. In: ders.: Die Hauptwerke. Frankfurt/M. 2008

FOUCAULT, Michel: Subjektivität und Wahrheit. Vorlesungen am Collège de France 1980–1981. Berlin 2016

FOUREST, Caroline: Generation Beleidigt. Von der Sprachpolizei zur Gedankenpolizei. Über den wachsenden Einfluss linker Identitärer. Berlin 2020

FRANK, Martin: Das Subjekt kommt zurück. In: ZEIT-ONLINE vom 8.7.2004 (www.zeit.de/2004/29/ST-Foucault/komplettansicht?print=true, 26.4.2023)

FRANKFURTER ERKLÄRUNG. Für eine kritisch-emanzipatorische Politische Bildung. 2015, URL: https://akg-online.org/sites/default/files/frankfurter_erklaerung.pdf (26.4.2023)

FRANZIUS, Claudio/Mayer, Franz C./Neyer, J. (Hg.): Die Neuerfindung Europas. Bedeutung und Gehalte von Narrativen für die europäische Integration. Baden-Baden 2019

FRECH/SIEGFRIED/RICHTER, Dagmar (Hg.): Emotionen im Politikunterricht. Frankfurt/M. 2019

FUHRMANN, Manfred: Der europäische Bildungskanon. Leipzig 2004

FUKUYAMA, Francis: Das Ende der Geschichte. Wo stehen wir? München 1992

FUKUYAMA, Francis: Identität. Wie der Verlust der Würde unsere Demokratie gefährdet. Hamburg 2019

GABRIEL, Markus/Horn, Christoph/Katsman, Anna/Krull, Wilhelm/Lippold, Anna Luisa/Pelluchon, Corine/Venzke, Ingo: Auf dem Weg zu einer Neuen Aufklärung. Ein Plädoyer für zukunftsorientierte Geisteswissenschaften. Bielefeld 2022

GAGEL, Walter: Geschichte der politischen Bildung in der Bundesrepublik Deutschland 1945 – 1989/90. 3., überarb. und erweit. Aufl., Wiesbaden 2005

GAPSKI, Harald/Oberle, Monika/Staufer, Walter (Hg.): Medienkompetenz. Herausforderungen für Politik, politische Bildung und Medienbildung. Bonn 2017

GAUTSCHI, Peter: Integrationsmodelle – zur Einführung in das Schwerpunktthema. In: zeitschrift für didaktik der gesellschaftswissenschaften (zdg) 1/2019

GEIGER, Wolfgang: Lernziele und politischer Unterricht. Über die Grenzen der Lernzielorientierung. In: Gegenwartskunde 1/1974

GEORGE, Siegfried: Curriculare Aspekte der Neuen Technologien im politischen Unterricht. In: Bundeszentrale für politische Bildung (Hg.): Computer in der Schule. Pädagogische Konzepte und Projekte – Empfehlungen, Dokumente. Bonn 1986

GERBER, Jan (Hg.): Die Untiefen des Postkolonialismus. Hallische Jahrbücher # 1, Berlin 2021

GESSNER, Susann: Politische Bildung als Haltung. In: Demokratie gegen Menschenfeindlichkeit 2/2021

GESSNER, Susann/Klingler, Philipp: Politische Bildung: Fachunterricht planen und gestalten. Frankfurt/M. 2020

GLOE, Markus: Werte und Menschenrechte. Bundeszentrale für politische Bildung, 2015; URL: https://www.bpb.de/gesellschaft/bildung/politischebildung/193087/werte-und-menschenrechte (26.4.2021)

GOETZ, Judith/Reitmair-Juárez, Susanne/Lange, Dirk (Hg.): Handlungsstrategien gegen Rechtsextremismus. Politische Bildung – Pädagogik – Prävention. Wiesbaden 2022

GOLL, Thomas: Mündige Bürger/-innen als Ziel der Politikdidaktik In: Weißeno, Georg/Ziegler, Béatrice (Hg.): Handbuch Geschichts- und Politikdidaktik. Wiesbaden 2021

GPJE (Gesellschaft für Politikdidaktik und politische Jugend- und Erwachsenenbildung): Nationale Bildungsstandards für den Fachunterricht in der Politischen Bildung an Schulen. Schwalbach/Ts. 2003

GRAY, John: Unenlightened thinking: Steve Pinker's embarrassing new book is a feeble sermon for rattled liberals. In: New Statesman online vom 22.2.2018, URL: https://www.newstatesman.com/culture/books/2018/02/unenlightened-thinking- steven-pinker-s-embarrassing-new-book-feeble-sermon (21.3.2021)

GRUSCHKA, Andreas: Der Bildungs-Rat der Gesellschaft für Bildung und Wissen, Opladen/Berlin/Toronto 2015

GUÉROT, Ulrike: Warum Europa eine Republik werden muss! Eine politische Utopie. Bonn 2016

HAAG, Karl Heinz: Metaphysik als Forderung rationaler Weltauffassung. 2. Aufl., o.O., 2018

HABERMAS, Jürgen: Zur Verfassung Europas. Ein Essay. Berlin 2011

HABERMAS, Jürgen: Ein neuer Strukturwandel der Öffentlichkeit und die deliberative Politik. Berlin 2022

HARTH, Thilo: Das Internet als Herausforderung politischer Bildung. Schwalbach/Ts. 2000

HASSE, Dag Nikolaus: Was ist europäisch? Zur Überwindung kolonialer und romantischer Denkformen. Ditzingen 2021

HASTINGS, Alice: Was weiße Menschen nicht über Rassismus hören wollen, aber wissen sollten. 14. Aufl., München 2020

HATTIE, John: Lernen sichtbar machen. Überarbeitete deutschsprachige Ausgabe von „Visible Learning“ besorgt von Wolfgang Beywl und Klaus Zierer. Baltmannsweiler 2013

HATTIE, John/Stern, Julie/Fisher, Douglas/Fey, Nancy: Visible Learning for Social Studies. Designing Learning for Conceptual Understanding. Thousand Oaks, California 2020

HAUK, Dennis: Digitale Medien in der politischen Bildung. Anforderungen und Zugänge an das Politikverstehen im 21. Jahrhundert. Wiesbaden 2016

HEDTKE, Reinhold: Atomisierung der Stundentafeln? Zur Zerlegung von Schulfächern in ihre Disziplinen. In: ders./Uppenbrock, Carolin: Atomisierung der Stundentafeln? Schulfächer und ihre Bezugsdisziplinen in der Sekundarstufe I. iböb working paper no. 3, Bielefeld 2011

HEDTKE, Reinhold/Famula Gerd/Fischer, Andreas/Weber, Birgit/Zurstrassen, Bettina: Für eine bessere ökonomische Bildung! Hg. von der Initiative für eine bessere ökonomische Bildung, Bielefeld 2010

HEINEMANN-GRÜDER, Andreas: Föderalismus in Russland. Bonn 2018, URL: https://www.bpb.de/themen/europa/russland/47962/foederalismus-in-russland/ (26.4.2023)

HÉNEFF, Marcel: Europas genetischer Code. Griechische, römische, biblische Quellen und das Erbe der Barbaren. In: Lettre international Nr. 117, Berlin 2017

HENKENBORG, Peter: Politische Bildung als Kultur der Anerkennung. In: kursiv – Journal für politische Bildung 2/2000

HENTGES, Gudrun/Nottbohm, Kristina/Platzer, Hans-Wolfgang (Hg.): Europäische Identität in der Krise? Europäische Identitätsforschung und Rechtspopulismusforschung im Dialog. Wiesbaden 2017

HEPFER, Karl: Freiheit – eine Inventur. Zwischen Betreuungspolitik und digitaler Selbstentmündigung. Bielefeld 2023

HERRMANN, Ulrich: „Bildung", „Kompetenz" – oder was? In: Vierteljahresschrift für wissenschaftliche Pädagogik 2/2012

HEYDORN, Heinz-Joachim: Über den Widerspruch zwischen Bildung und Herrschaft. Frankfurt/M. 1970

HILLIGEN, Wolfgang: Didaktische Zugänge in der politischen Bildung. Schwalbach/Ts. 1991

HIPPE, Thorsten: Digitalisierung – Fluch oder Segen für Mündigkeit? In: zeitschrift für didaktik der gesellschaftswissenschaften (zdg) 1/2020

HODGSON, Naomi/Vlieghe, Joris/Zamojski Piotr: Manifesto for a Post-Critical Pedagogy. o.O., 2017; URL: https://www.doi.org/10.21983/P3.0193.1.00 (26.4.2023)

HODGSON, Naomi/Vlieghe, Joris/Zamojski Piotr: Manifest für eine Post-Kritische Pädagogik. In: Bittner, Martin/Wischmann, Anke (Hg.): Kritik und Post-Kritik. Zur deutschsprachigen Rezeption des „Manifests für eine Post-Kritische Pädagogik." Bielefeld 2022

HOFFMANN, Karl W./Dickel, Mirka/Gryl, Inga/Hemmer, Michael: Bildung und Unterricht im Fokus der Kompetenzorientierung. Aktuelle Anfragen an die Geographiedidaktik. In: Geographie und Schule Nr. 195, 2012

HORKHEIMER, Max: Begriff der Bildung [1952]. In: ders.: Gesammelte Schriften. Bd. 8, Frankfurt/M. 1985

HORKHEIMER, Max: Die Sehnsucht nach dem ganz Anderen. Ein Interview mit Kommentar von Helmut Gumnior. Hamburg 1970

HORKHEIMER, Max/Adorno, Theodor W.: Dialektik der Aufklärung. Frankfurt/M. 1969 [Erstausgabe 1944],

HÖßL, Stefan E./Jamal, Lona/Schellenberg, Frank (Hg.): Politische Bildung im Kontext von Islam und Islamismus. Bonn 2020

HUMBOLDT, Wilhelm von [1793]: Theorie der Bildung des Menschen. Bruchstück. In: Tenorth, Heinz-Elmar (Hg.): Allgemeine Bildung. Analysen zu ihrer Wirklichkeit, Versuche über ihre Zukunft. Weinheim und München 1986

HUNTINGTON, Samuel: Kampf der Kulturen. Die Neugestaltung der Weltpolitik im 21. Jahrhundert, Hamburg 2007

HÜTTENHOFF, Michael (Hg.): Christliches Europa? Studien zu einem umstrittenen Konzept. Leipzig 2014

JANN, Olaf/Wohnig, Alexander: Kritik und Konflikt. Für eine nonkonformistische Diversität der Standpunkte. In: zeitschrift für didaktik der gesellschaftswissenschaften 1/2018

JEFFRIES, Stuart: Grand Hotel Abgrund. Die Frankfurter Schule und ihre Zeit. Stuttgart 2019

JOAS, Hans: Sind die Menschenrechte westlich? München 2015

KANT, Immanuel: Beantwortung der Frage: Was ist Aufklärung? In: Berlinische Monatsschrift, Dezember 1784

KAUBE, Jürgen: Ist die Schule zu blöd für unsere Kinder? Berlin 2019

KEUPP, Heiner: Die Reflexive Modernisierung von Identitätskonstruktionen: Wie heute Identität geschaffen wird. In: Hafeneger, Benno (Hg.): Subjektdiagnosen. Subjekt, Modernisierung und Bildung. Schwalbach/Ts. 2005

KLAFKI, Wolfgang: Kategoriale Bildung. In: ders.: Studien zur Bildungstheorie und Didaktik. 3./4. Aufl., Weinheim 1964

KOLLER, Hans-Christoph: Bildung anders denken. Einführung in die Theorie transformatorischer Bildungsprozesse, Stuttgart 2012

KRASTEV, Ivan: Europadämmerung. Ein Essay. Berlin 2017

KULTUSMINISTERKONFERENZ: Bildung in der digitalen Welt. Strategie der Kultusministerkonferenz. Berlin 2016

KURBACHER, Frauke A.: Haltung und Urteilskraft – in grundlegender wie praktischer Perspektive. Oder: Haltung für Demokratie gegen Menschenfeindlichkeit. In: Demokratie gegen Menschenfeindlichkeit 2/2021

KURSBUCH 193: 301 Gramm Bildung, Hamburg 2018

LADWIG, Bernd: Moderne Theorie. Fünfzehn Vorlesungen zur Einführung. 3. Aufl., Frankfurt/M. 2022

LANGENOHL, Andreas: ‚Haltung zeigen': Die Anrufung politischer Transparenz in Zeiten der Intransparenz. In: Demokratie gegen Menschenfeindlichkeit 2/2021

LEHNER, Ulrich L.: Die katholische Aufklärung. Weltgeschichte einer Reformbewegung. Paderborn 2017

LENZEN, Dieter: Bildung statt Bologna! Berlin 2014

LESCH, Harald/Forstner, Ursula: Wie Bildung gelingt. Ein Gespräch, Darmstadt 2020

LIESSMANN, Konrad Paul: Bildung als Provokation, München 2019

LLANGUE, Markus: Identitätspolitik. Dimensionen eines vielschichtigen Konzepts. In: POLITIKUM 4/2018

LÖSCH, Bettina/Eis, Andreas: Kritische Gesellschaftsanalysen und globale politische Bildung. In: zeitschrift für didaktik der gesellschaftswissenschaften (zdg) 1/2018

LÖSCH, Bettina/Thimmel, Andreas (Hg.): Kritische politische Bildung. Ein Handbuch. Schwalbach/Ts. 2010

LOURY, Glenn: „Rassismus existiert, aber er erklärt nicht, was hier passiert". Interview in Neue Zürcher Zeitung vom 6.6.2020, URL: https://www.nzz.ch/international/proteste-in-den-usa-der-rassismus-erklaert-nicht-was-passiert-ld.1559746 (26.4.2023)

LOVINK, Geert: Digitaler Nihilismus. Thesen zur dunklen Seite der Plattformen. Bielefeld 2019

LYOTARD, Jean-François: Das postmoderne Wissen. 6. Aufl., Wien 2009

MANEMANN, Jürgen: Der Dschihad und der Nihilismus des Westens. Warum ziehen junge Europäer in den Krieg? Bielefeld 2015

MANNEWITZ, Tom/Ruch, Hermann/Thieme, Tom/Winkelmann, Thorsten: Was ist politischer Extremismus? Grundlagen, Erscheinungsformen, Interventionsansätze. Frankfurt/M. 2018

MARCHART, Oliver/Martinsen, Renate (Hg.): Foucault und das Politische. Transdisziplinäre Impulse für die politische Theorie der Gegenwart. Wiesbaden 2019

MARGUIER, Alexander/Krischke, Ben (Hg.): Die Wokeness-Illusion. Wenn Political Correctness die Freiheit gefährdet. Freiburg 2023

MASSING, Peter: Kategoriale Bildung und Handlungsorientierung im Politikunterricht. In: kursiv – Journal für politische Bildung 2/2000

MAY, Michael: Zielbegriff Freiheit. Negative, positive und deliberative Freiheit in der Politikdidaktik. Schwalbach/Ts. 2005

MCWHORTER, John: Die Erwählten. Wie der neue Antirassismus die Gesellschaft spaltet. Hamburg 2022

MEINHARDT, Anne-Kathrin/Redlich, Birgit (Hg.): Linke Militanz. Pädagogische Arbeit in Theorie und Praxis. Frankfurt/M. 2020

MENDE, Janne: Der Universalismus der Menschenrechte. München 2021

MENDELSSOHN, Moses: Über die Frage: was heißt aufklären? [1784] In: Bahr, Erhard (Hg.): Was ist Aufklärung? Thesen und Definitionen. Stuttgart 1974

MIETZEL, Gerd: Pädagogische Psychologie des Lernens und Lehrens, 7. Aufl. 2003

MORIN, Edgar: Europa denken. Frankfurt/M./New York 1988

MÜLLER, Stefan: Die Wiederentdeckung der Dialektik in der politischen Bildung. In: zeitschrift für didaktik der gesellschaftswissenschaften (zdg) 1/2023

MÜLLER, Stefan/Mende, Janna: Weder getrennt noch eins. Identität, Differenz und die Frage nach Freiheit. In: dies. (Hg.): Differenz und Identität. Konstellationen der Kritik. Weinheim und Basel 2016

MÜLLER, Stefan/Sander, Wolfgang (Hrsg.): Bildung in der postsäkularen Gesellschaft. Weinheim 2018

MURPHY, Gregory L.: The Big Book of Concepts. Cambridge und London 2004

NCSS (National Council for the Social Studies): College, Career & Civic Life – C 3 Framework for Social Studies State Standards. Silver Spring 2013

NEGT, Oskar: Kindheit und Schule in einer Welt der Umbrüche. Göttingen 1997

NEUMANN, Peter: Der verlorene Sohn der Frankfurter Schule. In: DIE ZEIT vom 12.3.2022

NEUMANN-GORSOLKE, Ute: Gottesebenbildlichkeit (AT). In: WiBiLex. Das wissenschaftliche Bibellexikon im Internet. URL: https://www.bibelwissenschaft.de/stichwort/19892/ (26.4.2023)

NICKE, Sascha: Der Begriff der Identität. Bonn 2018, S. 1 (URL: https://www.bpb.de/politik/extremismus/rechtspopulismus/241035/der-begriff-der-identitaet, 26.4.2023)

NIDA-RÜMELIN, Julian: Philosophie einer humanen Bildung, Hamburg 2013

NIDA-RÜMELIN, Julian/Weidenfeld, Werner (Hg.): Europäische Identität: Voraussetzungen und Strategien. Baden-Baden 2007

NITSCHKE, Peter: Über die Relativität der Freiheit in der Demokratie. In: Gantschow, Alexander/Meyer-Heidemann, Christian (Hg.): Bürgerbildung und Freiheitsordnung. Politische Bildung als republikorientierte Praxis. Frankfurt/M. 2023

ORIENTIERUNGSRAHMEN für den Lernbereich Globale Entwicklung im Rahmen einer Bildung für nachhaltige Entwicklung. Im Auftrag der Kultusministerkonferenz und des Bundesministeriums für wirtschaftliche Zusammenarbeit und Entwicklung, zusammengestellt und bearbeitet von Jörg-Robert Schreiber und Hannes Stiege. 2. Aufl., Bonn 2016

OSTERHAMMEL, Jürgen/Jansen, Jan C.: Kolonialismus. Geschichte, Formen, Folgen. 9. Aufl., München 2021

PANDEL, Hans-Jürgen: Fächerübergreifendes Lernen – Artefakt oder Notwendigkeit? In: sowi-online journal 1/2001, S. 2 und 5 (http://www.sowi-online.de/journal/2001_1/pandel_fachuebergreifendes_lernen_artefakt_oder_notwendigkeit.html, 26.4.2023)

PANDEL, Hans-Jürgen: Geschichtsdidaktik. Eine Theorie für die Praxis. Schwalbach/Ts. 2013

PANDEL, Hans-Jürgen: Kompetenzen – ein Rückblick nach zwölf Jahren. In: geschichte heute 1/2016

PAULSEN, Friedrich: Bildung. In: Rein, Wilhelm (Hg.): Enzyklopädisches Handbuch der Pädagogik. Bd. 1, 2. Aufl., Jena 1903

PAULUS, Markus: Die Stellung des Subjekts bei Foucault und Habermas. In: e-Journal Philosophie der Psychologie, Dezember 2009 (http:/www.jp.philo.at/texte/PaulusM1.pdf, 1.10.2017)

PETRI, Annette: Emotionssensibler Politikunterricht. Konsequenzen aus der Emotionsforschung für Theorie und Praxis politischer Bildung, Frankfurt/M. 2018

PETRI, Annette: Unbehagen gegenüber Neid entwickeln – ein Ziel politischer Bildung? Über Emotionen in Prozessen politischer Bildung. In: Besand, Anja/Overwien, Bernd/Zorn, Peter (Hg.): Politische Bildung mit Gefühl. Bonn 2019

PETRI, Annette: Emotionen und politisches Lernen. In: Sander, Wolfgang/Pohl, Kerstin (Hg.): Handbuch politische Bildung. 5., vollständig überarbeitete Aufl., Frankfurt/M. 2022

PINKER, Steven: Aufklärung jetzt. Für Vernunft, Wissenschaft, Humanismus und Fortschritt. Eine Verteidigung. Frankfurt/M. 2018

PLUCKROSE, Helene/Landsay, James: Zynische Theorien. Wie aktivistische Wissenschaft Race, Gender und Identität über alles stellt – und warum das niemandem nützt. München 2022

POHL, Kerstin: Politische Bildung aus gesellschaftstheoretischer Perspektive. Oder: Freiheit statt Gesellschaftstheorie? Braucht die politische Bildung eine gesellschaftstheoretische Begründung? In: Besand, Anja/Gessner, Susann (Hg.): Politische Bildung mit klarem Blick. Frankfurt/M. 2018

RAWLS, John: Politischer Liberalismus. Frankfurt/M. 2003

RECKI, Birgit: Freiheit. Wien 2009

RECKWITZ, Andreas: Die Gesellschaft der Singularitäten. 5. Aufl., Berlin 2019

REICHENBACH, Roland: Politische Bildung als Herzensbildung. In: Besand, Anja/Gessner, Susann (Hg.): Politische Bildung mit klarem Blick. Frankfurt/M. 2018

RETZMANN, Thomas/Seeber, Günther/Remmele, Bernd/Jongebloed, Hans-Carl: Ökonomische Bildung an allgemeinbildenden Schulen. Bildungsstandards – Standards für die Lehrerbildung. Essen/Lahr/Kiel 2010

RIEGER-LADICH, Markus: Bildungstheorien zur Einführung. Hamburg 2019

RIEGER-LADICH, Markus: Mündigkeit als Pathosformel. Beobachtungen zur pädagogischen Semantik. Konstanz 2002

ROIG, Emilia: Why we matter. Das Ende der Unterdrückung. Berlin 2021

ROß, Jan: Bildung – eine Anleitung, Berlin 2020

ROTH, Heinrich: Pädagogische Anthropologie II. Entwicklung und Erziehung. Grundlagen einer Entwicklungspädagogik. Hannover 1971

RÜSEN, Jörn: Historische Orientierung. Über die Arbeit des Geschichtsbewusstseins, sich in der Zeit zurechtzufinden. 2. Aufl., Schwalbach/Ts. 2008

SAFRANSKI, Rüdiger: Zeit. Was sie aus uns macht und was wir mit ihr machen. München 2015

SALOMON, David: Kritische politische Bildung. Ein Versuch. In: Widmaier/Overwien, Was heißt heute Kritische Politische Bildung? Schwalbach/Ts. 2013

SANDER, Wolfgang: Nach der Emanzipationspädagogik – Marginalien zu einer notwendigen Historisierung. In: Politisches Lernen 3–4/2006

SANDER, Wolfgang (Hg.): Digitale Medien in der Grundschule. Ein Forschungsprojekt zum Sachunterricht. Schwalbach/Ts. 2007

SANDER, Wolfgang: Die Kompetenzblase – Transformationen und Grenzen der Kompetenzorientierung, in: zeitschrift für didaktik der gesellschaftswissenschaften (zdg) 1/2013

SANDER, Wolfgang: „Kritische politische Bildung" – eine Dekonstruktion. In: Widmaier, Benedikt/Overwien, Bernd (Hg.): Was heißt heute Kritische Politische Bildung? Schwalbach/Ts. 2013

SANDER, Wolfgang: Wie kann Wissen in der kompetenzorientierten politischen Bildung gefördert werden? In: Frech, Siegfried/Richter, Dagmar (Hg.): Politische Kompetenzen fördern. Schwalbach/Ts. 2013

SANDER, Wolfgang: Politik entdecken – Freiheit leben. Didaktische Grundlagen politischer Bildung. 4. Aufl., Schwalbach/Ts. 2013

SANDER, Wolfgang: Politik in der Schule. Kleine Geschichte der politischen Bildung in Deutschland. 3. Aufl., Marburg 2013

SANDER, Wolfgang: Brauchen Lehrer eine professionelle Planungskompetenz? In: Frech, Siegfried/Richter, Dagmar (Hg.): Politikunterricht professionell planen. Schwalbach/Ts. 2015

SANDER, Wolfgang: Israel in deutschen Schulbüchern für die Gesellschaftswissenschaften – Ergebnisse aus der Deutsch-Israelischen Schulbuchkommission. In: zeitschrift für didaktik der gesellschaftswissenschaften (zdg) 1/2015

SANDER, Wolfgang: Das dunkle Jahrhundert. Der drohende Verlust des kulturellen Gedächtnisses durch die Digitalisierung. In: POLIS 3/2016

SANDER, Wolfgang: Fächerintegration in den Gesellschaftswissenschaften – neue Ansätze und theoretische Grundlagen. In: Hellmuth, Thomas (Hg.): Politische Bildung im Fächerverbund. Schwalbach/Ts. 2017

SANDER, Wolfgang: Von der Medienkompetenz zur Medienkritik? Plädoyer für eine Neuorientierung im Umgang mit digitalen Medien in der politischen Bildung. In: Gloe, Markus/Oeftering, Tonio (Hg.) Perspektiven auf Politikunterricht heute. Vom sozialwissenschaftlichen Sachunterricht bis zur Politiklehrerausbildung. Baden-Baden 2017

SANDER, Wolfgang: Bildung – ein kulturelles Erbe für die Weltgesellschaft. Frankfurt/M. 2018

SANDER, Wolfgang: Zurück zur Bildung? Die gesellschaftswissenschaftlichen Fächer nach der Kompetenzorientierung. In: zeitschrift für didaktik der gesellschaftswissenschaften (zdg) 2/2019

SANDER, Wolfgang: Bildung: zur Aktualität einer traditionsreichen Leitidee. In: Aus Politik und Zeitgeschichte 14/15 2020

SANDER, Wolfgang: Digitalisierung. In: Achour, Sabine/Busch, Matthias/Massing, Peter/Meyer-Heidemann, Christian (Hg.): Wörterbuch Politikunterricht. Frankfurt/M. 2020

SANDER, Wolfgang: Mehr als Islamismus – die Wiederentdeckung der Religion und ihre Relevanz für die politische Bildung. In: Stefan E. Hößl/Lobna Jamal/Frank Schellenberg (Hg.): Politische Bildung im Kontext von Islam und Islamismus. Bonn 2020

SANDER, Wolfgang: Wissen im kompetenzorientierten Unterricht – Konzepte, Basiskonzepte, Kontroversen in den gesellschaftswissenschaftlichen Fächern. In: zeitschrift für didaktik der gesellschaftswissenschaften (zdg) 1/2020

SANDER, Wolfgang: Identität statt Diskurs? Diskursivität in der politischen Bildung und ihre Gefährdungen. In: Pädagogische Rundschau 3/2021

SANDER, Wolfgang: Religion und politische Bildung. In: Stainer-Hämmerle, Kathrin (Hg.): Glaube – Klima – Hoffnung. Religion und Klimawandel als Herausforderungen für die politische Bildung. Frankfurt/M. 2021

SANDER, Wolfgang: Eine „Zeitenwende" auch im Unterricht? Der Ukraine-Krieg und die gesellschaftswissenschaftlichen Fächer. In: zeitschrift für didaktik der gesellschaftswissenschaften 1/2022

SANDER, Wolfgang: Europäische Identität. Die Erneuerung Europas aus dem Geist des Christentums. Leipzig 2022

SANDER, Wolfgang: Politische Bildung als fächerübergreifende Aufgabe der Schule. In: ders./Pohl, Handbuch politische Bildung, 5. Aufl., Frankfurt/M. 2022

SANDER, Wolfgang: Frei von Menschenwürde? Bittners Bild des Bürgers – kritische Anmerkungen aus sozialwissenschaftlicher und theologischer Sicht, i.V.

SANDER, Wolfgang/Pohl, Kerstin (Hg.): Handbuch politische Bildung. 5., völlig überarbeitete Aufl., Frankfurt/M. 2022

SCARAMUZZA, Elia: Kritik und Normativität in der (Kritischen) Politischen Bildung. In: zeitschrift für didaktik der gesellschaftswissenschaften (zdg) 1/2018

SCHÄFERS, Bernhard: Soziales Handeln und seine Grundlagen: Normen, Werte, Sinn. In: Korte, Hermann/Schäfers, Bernhard (Hg.): Einführung in die Hauptbegriffe der Soziologie. 6. Aufl., Opladen 2002

SCHEUNPFLUG, Annette: Biologische Grundlagen des Lernens. Berlin 2001

SCHILLING, Hans: Das Christentum und die Entstehung des modernen Europa. Aufbruch in die Welt von heute. Freiburg 2022

SCHIRRMACHER, Frank (Hg.): Technologischer Totalitarismus. Eine Debatte. Berlin 2015

SCHMALE, Wolfgang: Geschichte und Zukunft der Europäischen Identität. Lizenzausgabe, Bonn 2010

SCHÖNECKER, Dieter: Rassismus, Rasse und Wissenschaftsfreiheit. In: Philosophisches Jahrbuch 2020, 2. Halbband, Freiburg/München 2020

SCHRÖDER, Hendrik: Emotionen und politisches Urteilen. Eine politikdidaktische Untersuchung. Wiesbaden 2020

SCHRÖDER, Martin: Wann sind Frauen wirklich zufrieden? Überraschende Erkenntnisse zu Partnerschaft, Karriere, Kindern, Haushalt. München 2023

SCHRÖDER, Richard: Europa – eine Wertegemeinschaft? In: Hüttenhoff, Michael (Hg.): Christliches Europa? Studien zu einem umstrittenen Konzept. Leipzig 2014

SCHULZE, Hagen: Staat und Nation in der europäischen Geschichte. München 1994

SCHWIETRING, Thomas: Was ist Gesellschaft? Einführung in soziologische Grundbegriffe. Lizenzausgabe, Bonn 2011

SEN, Amarty: Die Identitätsfalle. Warum es keinen Krieg der Kulturen geben wird. München 2007

SIEDENTOP, Larry: Die Erfindung des Individuums. Der Liberalismus und die westliche Welt. Stuttgart 2015

SIMON, Nina/Fereidooni, Karim: Rassismus(kritik) und Fachdidaktiken – (Kein)Zusammenhang? Einleitende Gedanken. In: Fereidooni, Karim/ Simon, Nina (Hg.) Rassismuskritische Fachdidaktiken. Theoretische Reflexionen und fachdidaktische Entwürfe rassismuskritischer Unterrichtsplanungen. Wiesbaden 2020

SPAEMANN, Robert: Wer ist ein gebildeter Mensch? Aus einer Promotionsrede. In: ders.: Grenzen. Zur ethischen Dimension des Handelns. Stuttgart 2001

STOCKER, Günther: „Aufgewacht aus tiefem Lesen." Überlegungen zur Materialität des Bücherlesens im digitalen Zeitalter. In: Herrmann, Hans Christian von/Moser, Jeannie (Hg.): Lesen. Ein Handapparat. Frankfurt/M. 2015

STRENGER, Carlo: Abenteuer Freiheit. Ein Wegweiser für unsichere Zeiten. Berlin 2017

SUTOR, Bernhard: Politische Bildung als Praxis. Grundzüge eines didaktischen Konzepts. Schwalbach/Ts. 1992

TAYLOR, Charles: Bedingungen für einen freiwilligen Konsens über Menschenrechte. In: ders.: Menschenrechte, Religion, Gewalt. Drei Essays. Ditzingen 2021

TENORTH, Heinz-Elmar: Die Rede von Bildung. Tradition, Praxis, Geltung – Beobachtungen aus der Distanz. Berlin 2020

TOPÇU, Canan: Nicht mein Antirassismus. Warum wir einander zuhören sollten, statt uns gegenseitig den Mund zu verbieten. Eine Ermutigung, Köln 2021

TZE-WAN, Kwan: Subjekt und Person. Zwei Selbst-Bilder des modernen Menschen in kulturübergreifender Perspektive. In: Yearbook for Eastern and Western Philosophy 4/2019

VIECHTBAUER, Hans-Peter: Der Computer in der politischen Bildung. Konzeptionen – Unterrichtspraxis. Schwalbach/Ts. 1996

WALZER, Michael: Zivile Gesellschaft und amerikanische Demokratie. Berlin 1992

WEBER, Birgit: Fächerintegration – zur Einführung in das Schwerpunktthema. In: zeitschrift für didaktik der gesellschaftswissenshaften (zdg) 1/2014

WEBER, Birgit: Kritik – zur Einführung in das Schwerpunktthema. In: zeitschrift für didaktik der gesellschaftswissenschaften (zdg) 1/2018

WEHLING, Hans-Georg: Konsens à la Beutelsbach? Nachlese zu einem Expertengespräch. In: Schiele, Siegfried/Schneider, Herbert (Hg.): Das Konsensproblem in der politischen Bildung. Stuttgart 1977

WEINERT, Franz E.: Vergleichende Leistungsmessung an Schulen – eine umstrittene Selbstverständlichkeit, in: ders. (Hg.), Leistungsmessungen an Schulen, Weinheim und Basel 2001

WEIßENO, Georg (Hg.): Politikunterricht im Informationszeitalter. Schwalbach/Ts. 2001

WEIßENO, Georg/Detjen, Joachim/Juchler, Ingo/Massing, Peter/Richter, Dagmar: Konzepte der Politik. Ein Kompetenzmodell. Schwalbach/Ts. 2010

WESSELS, Sebastian: Im Schatten guter Absichten. Die postmoderne Wiederkehr des Rassedenkens. o.O. 2021

WIDMAIER, Benedikt/Overwien, Bernd (Hg.): Was heißt heute Kritische Politische Bildung? Schwalbach/Ts. 2013

WIDMAIER, Benedikt/Zorn, Peter (Hg.): Brauchen wir den Beutelsbacher Konsens? Eine Debatte der politischen Bildung. Bonn 2016

WOHNIG, Alexander/Zorn, Peter (Hg.): Neutralität ist keine Lösung! Politik, Bildung – politische Bildung. Bonn 2022

WOLFF, Birgitta: Dem Argument eine Chance. Zur Wissenschafts- und Meinungsfreiheit an den Universitäten. In: Forschung & Lehre 10/2021

ZICK, Andreas/Küpper, Beate (Hg.): Die geforderte Mitte. Rechtsextreme und demokratiegefährdende Einstellungen in Deutschland 2020/21. Bonn 2021

ZIMBARDO, Philip G./Gerrig, Richard J.: Psychologie. 16., akt. Aufl., München 2004

ZUR ZUKUNFT DES LESENS. Stavanger-Erklärung des Forschungsnetzwerks E-READ. In: Frankfurter Allgemeine Zeitung vom 22.1.2019

Quellenhinweise

Die Kapitel dieses Buches rekurrieren inhaltlich zu großen Teilen auf eine Reihe von Aufsätzen sowie zwei Bücher, die ich nach der letzten Textversion meines Buches „Politik entdecken – Freiheit leben. Didaktische Grundlagen politischer Bildung“ veröffentlicht habe. Teilweise wurden Passagen aus diesen Arbeiten auch wörtlich übernommen. Es handelt sich dabei um die folgenden Publikationen:

Aufsätze:

Wie kann Wissen in der kompetenzorientierten politischen Bildung gefördert werden? In: Frech, Siegfried/Richter, Dagmar (Hg.): Politische Kompetenzen fördern. Schwalbach/Ts. 2013

„Kritische politische Bildung“ – eine Dekonstruktion. In: Widmaier, Benedikt/Overwien, Bernd (Hg.): Was heißt heute Kritische Politische Bildung? Schwalbach/Ts. 2013

Brauchen Lehrer eine professionelle Planungskompetenz? In: Frech, Siegfried/Richter, Dagmar (Hg.): Politikunterricht professionell planen. Schwalbach/Ts. 2015

Fächerintegration in den Gesellschaftswissenschaften – neue Ansätze und theoretische Grundlagen. In: Hellmuth, Thomas (Hg.): Politische Bildung im Fächerverbund. Schwalbach/Ts. 2017

Zurück zur Bildung? Die gesellschaftswissenschaftlichen Fächer nach der Kompetenzorientierung. In: zeitschrift für didaktik der gesellschaftswissenschaften (zdg) 2/2019

Bildung: zur Aktualität einer traditionsreichen Leitidee. In: Aus Politik und Zeitgeschichte 14/15 2020

Digitalisierung. In: Achour, Sabine/Busch, Matthias/Massing, Peter/Meyer-Heidemann, Christian (Hg.): Wörterbuch Politikunterricht. Frankfurt/M. 2020

Mehr als Islamismus – die Wiederentdeckung der Religion und ihre Relevanz für die politische Bildung. In: Stefan E. Hößl/Lobna Jamal/Frank Schellenberg (Hg.): Politische Bildung im Kontext von Islam und Islamismus. Bonn 2020

Identität statt Diskurs? Diskursivität in der politischen Bildung und ihre Gefährdungen. In: Pädagogische Rundschau 3/2021

Eine „Zeitenwende“ auch im Unterricht? Der Ukraine-Krieg und die gesellschaftswissenschaftlichen Fächer. In: zeitschrift für didaktik der gesellschaftswissenschaften 1/2022

Bücher:

Bildung – ein kulturelles Erbe für die Weltgesellschaft. Frankfurt/M. 2018

Europäische Identität. Die Erneuerung Europas aus dem Geist des Christentums. Leipzig 2022